AF498022

LE
MUET D'INGOUVILLE,

COMÉDIE-VAUDEVILLE EN DEUX ACTES,

Par MM. Bayard, Davesne et Bouffé,

REPRÉSENTÉE POUR LA PREMIÈRE FOIS, A PARIS, SUR LE THÉATRE DU GYMNASE-DRAMATIQUE,
LE 5 OCTOBRE 1836.

PERSONNAGES.	ACTEURS.	PERSONNAGES.	ACTEURS.
M. DE ROUVRAY, conseiller à la cour des Comptes, et député de l'arrondissement où se passe l'action..............	M. FERVILLE.	MARTIGNÉ, intendant de Mme de Rouvray..................	M. KLEIN.
Mme DE ROUVRAY, sa belle-sœur	Mme JULIENNE.	TOBY, compagnon d'enfance de Georges...................	M. SYLVESTRE.
MARIE, fille de Mme de Rouvray.	Mlle E. SAUVAGE.	CHRISTOPHE, fermier........	M. BORDIER.
HENRI, fils de M. de Rouvray .	M. DAVESNE.	PIERRE, autre fermier.	
GEORGES, orphelin muet.....	M. BOUFFÉ.	FERMIERS, FERMIÈRES.	
		UN DOMESTIQUE.	

La scène se passe à Ingouville, dans le château de Mme de Rouvray.

NOTE DES AUTEURS. Le rôle de *Georges* n'appartient à aucun emploi. Messieurs les directeurs des théâtres de province le distribueront à la personne (homme ou femme) qui aura, selon eux, les qualités nécessaires pour le jouer.

S'adresser, pour la musique de cette pièce, et pour celle de tous les ouvrages qui composent le Répertoire du *Gymnase-Dramatique*, à M. HEISSER, bibliothécaire au théâtre, ou à M. FERVILLE, correspondant des spectacles, rue Poissonnière, n° 33.

ACTE PREMIER.

Le théâtre représente la salle basse d'une grande maison. Porte et fenêtres au fond, et portes latérales ; sur le devant, à gauche de l'acteur, une table avec des cartons, registres, etc. Sur le premier plan, du même côté, la porte du cabinet de M. Martigné, qui est assis à la table.

SCÈNE PREMIÈRE *.

MARTIGNÉ, *à la table*, TOBY, CHRISTOPHE, PIERRE ET PLUSIEURS FERMIERS.

CHŒUR.
AIR : *Musique de M. Hormille.*
De notre exactitude
Vous d'vez être content ;
Car j'avons l'habitude
De bien payer comptant.

* Les acteurs sont inscrits, en tête de chaque scène, comme ils doivent être placés sur le théâtre : le premier inscrit tient toujours en scène la gauche du spectateur, et ainsi de suite.

De plus d'un jour d'orage,
Dont nous nous chagrinons,
D'autres profitent, je gage,
Pour faire leurs moissons.

De notre exactitude, etc.

MARTIGNÉ. Ma foi, vive la Saint-Martin !.. c'est une belle chose que le terme des fermages, quand les loyers rentrent bien.

TOBY. Oui, père Martigné, une belle chose... quand la moisson est dans la grange, et l'argent dans le sac... mais lorsque les blés sont grêlés, et les poches vides, la Saint-Martin est la fête du diable.

TOUS. Ah ! c'est vrai... c'est vrai.

CHRISTOPHE. C'est une mauvaise année qui ruine tout le monde.

TOBY. Excepté ceux qui en font leur profit.

MARTIGNÉ. Comment cela ?

CHRISTOPHE. Parbleu ! les usuriers, donc.

TOUS. Oui, oui.

CHRISTOPHE. Ils savent mieux que nous ce que nos terres rapportent.

TOBY, *à demi-voix.* Chut ! ne parlez pas d'usuriers ici, ça le fâcherait... (*A Martigné.*) Ce n'est pas pour vous qu'on dit cela, père Martigné.

MARTIGNÉ.

AIR : *Quel est plus noble et plus sublime.*

Eh ! mais, expliquez-vous, de grâce !
Dirait-on pas que j'ai des torts ?
TOBY, à part.
Assez comme ça.
MARTIGNÉ.
Que dans ma place,
J'ai le cœur sec....
TOBY, à part.
Comme le corps.
MARTIGNÉ.
Vous savez, à vous, quoi qu'il coûte,
Tout l'intérêt que mon cœur prend.
TOBY.
Nous le savons très-bien, sans doute ;
De l'intérêt à douz' pour cent.

MARTIGNÉ. Vous dites...

TOBY. Si vous accordiez un délai d'un mois ?

MARTIGNÉ, *se levant et venant auprès de Toby.* Un délai... je ne suis pas le maître. Ah ! mes pauvres amis, c'est une rude tâche que celle de régisseur de grande maison... D'ailleurs ce n'est pas à moi qu'il faut vous adresser.

TOBY. A qui alors ?.. personne n'est ici... il n'y a que M. Georges... mais lui, il ne peut rien.

MARTIGNÉ, *se rassurant.* Et c'est heureux !.. si on le laissait faire, il se permettrait des airs de maître... un petit sot, que les bontés de feu M. de Rouvray ont sauvé de la misère, après un de ces naufrages si fréquens sur nos côtes.

TOBY. Et était-il gentil alors ! moi qui n'étais qu'un enfant aussi, je me le rappelle, quand il nous racontait comment il a perdu sa mère...et la parole !.. la frayeur, le saisissement !.. un vrai coup de foudre, quoi !.. muet, tout d'un coup !

CHRISTOPHE. Pauvre enfant !

TOBY. Fallait le voir, nous faisant comprendre à sa manière qu'une grosse vague avait emporté sa mère, en passant par-dessus le vaisseau... il n'avait pas besoin de parler, allez... car ses gestes, sa figure, vous disaient tout ça, et avec tant de chagrin, que malgré nous, nous pleurions tous... et tenez, rien qu'en vous le racontant, je pleure encore... Ah ! que c'est bête ! (*A Martigné.*) Et vous aussi.

MARTIGNÉ. Oui, oui ; mais il est bien heureux qu'il se soit trouvé sur le même vaisseau un brave négociant qui eut pitié de lui, l'amena dans sa maison pour être le compagnon des jeux de sa fille, encore enfant comme lui... et plus tard, le laissa profiter des mêmes leçons... quelle faiblesse !

TOBY. Aussi, il sait tout... le dessin, la musique, l'écriture !.. C'est lui qui aide le père Martigné.

MARTIGNÉ. Ce n'est pas vrai... je n'ai pas besoin qu'on m'aide... un joli caissier que madame aurait là !.. un petit dissipateur qui n'a jamais le sou. A peine a-t-il touché sa rente qu'elle est dépensée.

TOBY. Dites donnée !.. Dam ! il n'sait pas faire valoir son argent.

MARTIGNÉ. Tant pis pour lui.

CHRISTOPHE. Il a donc de l'argent, M. Georges ?

TOBY. Oh ! peu de chose... De l'or que sa mère avait reçu de Paris avant de s'embarquer, et que M. de Rouvray plaça à cinq pour cent. (*Regardant Martigné.*) A cinq, père Martigné... et voilà comme Georges est rentier.

MARTIGNÉ. Oui... un argent dont la source est fort équivoque. Car enfin, qu'est-ce que c'était que la mère de ce petit drôle ?

TOBY. Sa mère !.. c'était une brave fille !.. je l'ai connue, moi, c'te pauvre Thérèse Valin... Nous étions du même village... c'était ça une jolie femme !.. une bouche... des yeux... vous pouvez le voir au portrait que M. Georges a toujours à son cou... Elle était trop jolie... c'est ça qui a fait son malheur ! mais elle avait du cœur !.. et c'est pour cacher sa honte, qu'elle passait en Amérique... Hein ! y en a-t-il beaucoup qui passent en Amérique ?.. Le seul coupable, c'est celui qui l'a séduite, et qui, après ça, l'a abandonnée, et est parti sans qu'on ait su qui il était, ni où il était... aussi Georges, sans le connaître, le déteste... car c'est un brave garçon, lui !.. (*à Martigné*) et si jamais il vous remplace, il aura pitié du pauvre monde.

TOUS. Oui, oui...

MARTIGNÉ, *avec humeur*. C'est bien... c'est bien... allez le trouver, pour qu'il vous donne des détails... mais moi, je fais mon devoir. (*A un fermier.*) Tiens, toi, Simon, voilà ton reçu. (*A un autre.*) Toi, Froment, apporte le reste demain. (*A Toby.*) Et toi, bavard, ton frère?.. où est son argent?

TOBY. Il est malade... il ne peut pas venir... je vous ai dit...

MARTIGNÉ. Il faut qu'il paie ou qu'il s'en aille.

TOBY. Perdre sa ferme!

TOUS. Oh! c'est affreux!

TOBY. Il en aurait le cœur, au moins.

CHRISTOPHE. Ce n'est pas la première fois que ça lui arrive.

TOUS, *le menaçant*. Oui, oui...

MARTIGNÉ, *se levant*. Eh bien! eh bien! des menaces!...

⦿⦿⦿⦿⦿⦿⦿⦿⦿⦿⦿⦿⦿⦿⦿ ❯❯❯❯❯❯ ⦿⦿⦿⦿⦿⦿⦿⦿⦿⦿⦿⦿⦿⦿

SCENE II.

LES MÊMES, GEORGES *.

TOUS. Ah! monsieur Georges...

(*Au moment où les fermiers sont ainsi animés, Georges entre; et, tout surpris de ce qui se passe, il se place entre le bureau de Martigné et les fermiers, que sa présence apaise soudain.*)

MARTIGNÉ. Me menacer, moi!

GEORGES, *il rassure Martigné, en lui disant par gestes*. « Allons, allons, ce n'est rien. »

Il donne le bonjour à quelques-uns, puis arrive à Toby.)

TOBY. Bonjour, monsieur Georges.

GEORGES, *par gestes, à Toby*. « Qu'y a- » t-il donc?»

TOBY. Ce qu'il y a? demandez à M. Martigné. (*A part.*) Vieux grippe-sous. (*Haut.*) A ce cher M. Martigné, qui refuse du temps à mon frère, à ce pauvre Georget, qui a été grêlé.

MARTIGNÉ. A qui la faute? (*Georges va à lui et le cajole; continuant*) encore, s'il donnait un à-compte!

TOBY. Un à-compte... c'est bien aisé à dire... mais mon frère n'en a pas à donner... tout a manqué, tout, ce pauvre frère!... et avec ça, six enfans... six! sans compter les filles... c'est pour cela que je me suis engagé, et je m'embarque demain

sur le Luxor, qui est au port du Hâvre, pour ne plus être à charge à ce bon Georget.

GEORGES, *lui prend la main comme pour lui dire*. « Pauvre Toby ! »

MARTIGNÉ. Mais? un à compte?
(*Georges, comme frappé d'une pensée soudaine, mène Toby dans le coin de la scène, et lui donne sa bourse.*)

TOBY. O ciel!

GEORGES, *lui dit par gestes*. « Silence!.. « ceci **est entre nous.**»

TOBY. Ah! je devine... c'est aujourd'hui qu'il a reçu sa petite rente. (*Georges le fait taire de nouveau.*) Merci, merci.. monsieur Georges... Dieu vous le rendra. (*Georges le pousse vers le bureau de Martigné, comme s'il disait.*)« Va payer M. Martigné. »(*et puis, il se mêle parmi les fermiers, pour causer avec eux, pendant que Toby va à Martigné et lui dit :*) tenez, le voilà votre à-compte.

(Il le pose sur la table.)

MARTIGNÉ, *surpris*. Ah!

TOBY. Oui. (*Montrant Georges.*) C'est lui, et sans intérêts.

UN DOMESTIQUE, *entrant*. Monsieur Martigné, monsieur Martigné... une lettre, une lettre !

MARTIGNÉ, *se levant*. Eh! vite, donnemoi ça... (*il ouvre la lettre*) de Mlle Marie.
(*Georges se retourne tout-à-coup, et s'approche de Martigné.*)

TOBY. Mamzelle Marie!.. ah! si elle était ici.

MARTIGNÉ, *qui a parcouru la lettre*. Dam! elle devrait y être déjà. (*Joie de Georges qui veut voir la lettre; à Georges.*) Laissezmoi donc tranquille, vous. (*Aux fermiers.*) Tenez, ça vous concerne, vous autres. (*Lisant la lettre.*) « Mon bon monsieur Mar- » tigné... »

TOUS, *murmurant*. Oh! bon... bon!
(Georges hausse les épaules en riant.)

MARTIGNÉ. Elle m'apprécie, elle.

GEORGES, *son impatience semble dire* : «Oui, oui; après?»

MARTIGNÉ, *reprenant la lecture de la lettre*. «Mon bon monsieur Martigné, ma mère m'é- » crit qu'elle part de Paris, avec mon oncle le » conseiller à la cour des comptes. » (*Parlant.*) Ah! oui, le député... (*continuant*) « et mon cousin Henri. Ils seront à Ingou- » ville aujourd'hui même, et j'espère bien » y arriver avant eux.»

GEORGES, *tout joyeux, dit par gestes*. «Ah! » enfin, elle va venir... nous allons la re- » voir... quel bonheur!»

MARTIGNÉ, *le regardant*. Allons! qu'estce qui lui prend à lui? (*Continuant.*) « Je » pars d'Honfleur à l'instant; ma mère vous » recommande de tenir vos comptes prêts

* Pour éviter des longueurs, on a écrit le rôle de Georges comme s'il parlait; c'est à l'artiste chargé de ce rôle à mimer le dialogue de manière à le faire bien comprendre.

» et de lui amasser le plus d'argent que
» vous pourrez. » (*Aux fermiers.*) Hum !
vous l'entendez.

(Ils paraissent tous consternés.)

AIR : *De sommeiller encor, ma chère.*

Voyez un peu votre injustice extrême,
Si je vous presse, est-ce ma faute à moi ?

TOBY.

Oh ! sur ce point, je sais que c'est de même,
Madame et vous, c'est tout un, je le vói ;
C'est étonnant comm' les propriétaires
Pensent toujours à ce maudit argent...

MARTIGNÉ.

Peut-êtr' c'est parc' que les locataires
N'y pensent pas assez souvent,
C'est peut-êtr' parc' que les locataires
N'y pensent pas assez souvent.

TOBY. De l'argent !.. et en avoir ?

CHRISTOPHE. Dieu merci ! Mme de Rouvray va arriver, et avec elle, on pourra
s'entendre.

GEORGES, *au milieu d'eux, par gestes.*
« Allons, du courage, mes amis, du courage;
» à propos, ils vont venir ici, il faut aller à
» leur rencontre. »

TOBY. Il a raison. Mme de Rouvray arrive avec son frère, le député de l'arron-
dissement; il faut aller au devant d'eux.

(Tout le monde va pour sortir, Georges les arrête, et
en touchant leurs habits, leur fait comprendre
qu'il faut les quitter. L'orchestre joue l'air du *Petit Tambour*, tandis que Georges peint par ses
gestes un soldat avec ses buffleteries et son fusil.)

TOBY. Comment ! prendre nos uniformes et nos fusils, mettre la garde natio-
nale sous les armes !

GEORGES, *indiquant.* « Il faut marcher
» tambour en tête. »

(L'orchestre continue l'air.)

TOBY. C'est ça, tambour en tête, dra-
peau déployé... et dès que vous aperce-
vrez la voiture, feu de peloton.

GEORGES. « C'est ça. »

TOBY. Ah ! si nous avions du canon,
comme on les recevrait ! Mais, nous n'en
avons pas ; ils sont au Hâvre ; c'est égal, on
dansera, on boira à votre santé, monsieur
Georges, à la mémoire de votre mère.

MARTIGNÉ, *à part.* Imbécilles ! souhaitez
plutôt qu'il retrouve son père. Je vais dé-
poser cet argent dans mon cabinet.

(Georges presse le départ des fermiers.)

TOUS. Il a raison, dépêchons-nous.

TOBY. Vite, aux uniformes.

TOUS. Partons, partons.

AIR.

Ce retour,
En ce jour,
Est pour nous un' fête;

Qu'à chanter,
A danser,
Chacun de nous s'apprête.
Pour prouver notre amour,
Faut s'mettre en goguette ,
Et notre député
N'en sera qu'mieux fêté.

(*Ils sortent tous.*)

SCENE III.

GEORGES, TOBY.

GEORGES, *à Toby, par gestes.* « Eh bien !
» Toby, tu ne pars pas, toi? »

TOBY. Non , non ; je reste, monsieur
Georges, pour vous remercier du bien que
vous avez fait à mon pauvre frère... et vous
n'obligez pas des ingrats, allez ; moi, voyez-
vous , je me jeterais au feu pour vous...
et demain, quand je quitterai le pays, c'est
vous, monsieur Georges, c'est vous que j'y
regretterai le plus.

GEORGES, *par gestes.* «Pauvre Toby ! tu
» vas nous quitter... allons, donne-moi la
» main. »

TOBY. Que vous êtes bon , monsieur
Georges, et pas fier du tout !

GEORGES, *riant et mimant.* « Moi, fier !
» pourquoi donc ? »

TOBY. Dam ! maintenant vous êtes
ici comme l'enfant de la maison, vous
êtes un monsieur, et moi, je suis resté un
simple paysan, aujourd'hui matelot.

GEORGES, *mimant.* «Allons donc! et moi !
» qu'est-ce que je suis? »
(Il s'incline comme s'il saluait avec respect, puis rit
au nez de Toby.)

TOBY. Vous vous moquez de moi, mais
c'est égal, voyez-vous : ce n'est plus comme
autrefois, à Monvilliers, dans le temps où
vous étiez bambin comme moi... vous l'a-
vez oublié.

(Musique.)

GEORGES, *par gestes.*«Je m'en souviens ;
» je courais dans les champs, étant petit,
» et je regrette ce temps. »

TOBY. Et moi aussi, je regrette ce temps-
là, quand nous courions ensemble.

GEORGES. « Oui, oui. »

TOBY. En sabots; car vous aviez des
sabots dans ce temps-là, c'était pas comme
ici.

GEORGES. «Oui, oui, en sabots, des gros.»

TOBY. A dentelle... ils étaient trop
grands... nous faisions des chaussons avec
de la paille.

GEORGES. «Quelquefois nous n'en avions
» pas. »

TOBY. C'est encore vrai... quelquefois
nous n'en avions pas... tant mieux, ça fai-

sait moins de mal quand nous nous....
(*Il fait le geste d'enfans qui se battent.*)
oh! j'en ai reçu de bons de votre part...
un entre autres, qui m'a fait un mal...
ah! avons-nous ri, ce jour-là!

(L'air : *Te souviens-tu Marie* cesse.)

GEORGES, *riant et mimant.* «Ah! ce pauvre
» Toby. »

TOBY. Et quand nous allions à l'école?

GEORGES , *mimant.* « Oui, tout petits. »

TOBY. Nos tartines à la main, chez le
père Ginguet notre maître... était-il sé-
vère et laid!

GEORGES, *mimant* « Je me le rappelle...
» attends, attends, tu vas voir. »

(Il fait la charge du maître d'école : il va prendre
l'oreille de Toby. L'orchestre joue l'air du *Maître
d'École*, chanson de Béranger, dont le refrain
est :)

     » Zon, zon, zon,
     » Le fouet, petit polisson. »

TOBY. Ah! comme c'est ça, vous lui
ressemblez, vous êtes affreux!

GEORGES. «Ah! drôle! ah! polisson!»

TOBY. Ah! père Ginguet, pas de pato-
ches, c'est pas moi qui vous ai appelé *Sin-
gulier-Masculin!*.. et puis dites donc , était-
il furieux quand nous faisions l'école buis-
sonnière! l'avons-nous faite l'école buis-
sonnière pour nos fameuses batailles!..
(*Georges fait comme s'il ramassait des boules de neige.*) A grands coups de boules de
neige!..c'était un feu roulant... et les coups
de poing, v'li, v'lan!.. (*Georges lui riposte;
Toby recevant un coup dans les côtes.*) Ouf!..
comm' y s'fait comprendre sans parler...
mais il y avait quelqu'un qui venait bien
vite mettre la paix entre nous. (*Georges
indique qu'il s'en souvient, puis son geste peint
un joli petit visage d'enfant.*) Claudine, la
petite fermière, qui était aussi des nôtres,
et que j'aimais déjà... ça n'a fait que gran-
dir avec moi... amoureux tout-à-fait.

GEORGES , *mimant.* « Amoureux, toi? »

TOBY. Ah! vous ne savez pas ce que c'est
vous, que d'être amoureux... quand il vous
passe des chaleurs dans la tête, qu'on est
fâché et content tout à la fois... on est jaloux, on ne mange plus, on ne dort plus...
on devient bête... on souffre... on est malheureux comme les pierres... oh! monsieur Georges, il n'y a que ce bonheur-là
au monde!

GEORGES, *est devenu pensif, et sur les
derniers mots de Toby, il semble dire d'un
air très-animé.* « Oui, oui, c'est vrai!.. »

TOBY, *allant près de lui.* Et le cœur vous
bat dans ces momens-là.

GEORGES, *il prend la main de Tobie et la*

porte à son cœur pour dire. « Comme ça,
tiens. »

TOBY. Comme vos yeux sont brillans!
vous êtes amoureux aussi?

GEORGES, *mimant.* « Je n'ai pas dit ça. »

TOBY. Si fait... amoureux.... comme
ça fait du bien, n'est-ce pas?.. surtout
quand on est aimé.

GEORGES, *mimant.* « Ah! oui. »

TOBY, *le regardant.* Ah ça! mais dites
donc... amoureux de qui?

GEORGES, *mimant.* « Chut!.. écoute, on
» vient... »

MARTIGNÉ, *dans le cabinet.* J'y vais, j'y
vais...

SCENE IV.

LES MÊMES, MARTIGNÉ.

MARTIGNÉ, *sortant du cabinet.* Eh bien!
eh bien!.. une voiture... c'est mademoiselle qui descend avec sa gouvernante....
je viens de les voir par la fenêtre.
(Georges court vivement, et arrive à la fenêtre,
son émotion est si forte qu'il est obligé de s'ap-
puyer.)

TOBY. Mamzelle Marie.

MARTIGNÉ, *à Toby.* Te voilà encore ici,
fainéant?

TOBY. Ah! ne criez pas... je m'en vais..
mon pauvre frère doit m'attendre... je ne
crains pas de le revoir à présent, vous avez
un à-compte.

MARIE, *en dehors.* C'est bien, c'est bien...
je te remercie, ma bonne Madelaine.
(Georges fait un mouvement vers la porte.)

SCENE V.

TOBY, MARTIGNÉ, MARIE, GEOR-GES *au fond.*

MARIE, *entrant un bouquet à la main.* Le
joli bouquet!.. ah! monsieur Martigné...

MARTIGNÉ. Mademoiselle , j'ai bien
l'honneur...
(Georges reste de côté à l'observer avec joie.)

MARIE. Il faut donner des ordres, pré-
parer tout dans la maison... ma mère doit
me suivre de près.

MARTIGNÉ. Oui, mademoiselle, je cours
à l'instant.

MARIE. Attendez donc...

TOBY. Attendez donc!

MARIE. Surtout, n'oubliez pas que mon
oncle habitera le pavillon de gauche avec
son fils Henri... allez vite... il n'y a pas
un moment à perdre.

MARTIGNÉ. Soyez tranquille, mademoiselle... vous pouvez compter sur moi.
(Il sort par le fond.

MARIE. Bien! bien!.. (*Elle se retourne, et voit Georges qui la contemple avec plaisir.*) Ah! Georges!..

TOBY, *à Georges qui salue.* Je m'en vas... mais je saurai qui vous aimez.

(Georges lui met la main sur la bouche avec effroi.)

MARIE. Qu'est-ce donc?

TOBY, *s'en allant.* Oh! rien, mamzelle... c'est un sournois... il ne veut pas dire de qu'il est amoureux... mais je devinerai ça...

MARIE, *bas.* Ah!

TOBY, *saluant.* Je vous salue, mamzelle Marie.

                  (Il sort.)

MARIE*. Adieu, Toby... (*A Georges.*) Comment! Georges, tu étais là et je n'en savais rien... et je ne t'ai pas vu en entrant...

GEORGES, *mimant.* « Oh! il n'y a pas de » mal... je vous regardais. »

MARIE, *lui tendant la main.* Tu es donc content de me revoir?.. et moi donc... tiens Georges, élevés ensemble dans cette maison, lorsque je ne te vois plus, lorsque tu n'es plus là, près de moi, il me semble qu'il me manque quelqu'un... un ami, un frère.

GEORGES, *mimant.* « Oh! que vous êtes » bonne!.. et moi donc, quand vous étiez » loin, j'étais triste, et je vous cherchais par- » tout... je ne vous trouvais pas. »

MARIE. Tu me cherchais ; tu étais malheureux comme moi... mais enfin me voilà revenue, nous sommes réunis... nous serons encore gais, heureux, comme par le passé... dans nos promenades.

GEORGES, *lui prend le bras et semble dire:* « Oui, je vous donnerai le bras, comme » ça... et nous irons ensemble là-bas. »

MARIE. Oui, à la ferme ; et nous irons porter des secours à ceux qui n'ont rien, et qui souffrent.

AIR : *Te souvient-il, etc.*
Rappelle-toi, Georges, mon frère,
Plus d'une course solitaire,
Quand après l'hiver rigoureux,
Naguère,
Nous allions faire des heureux
Tous deux.

GEORGES, *mimant le deuxième couplet sur la musique.*)

« Oui, vous donniez à leur misère,
» Et ces pauvres gens, en prière,
» Bénissaient vos soins généreux,
» Ma chère,
» Et nous revenions plus heureux

(*Prenant le bras de Marie.*)

» Tous deux. »

Marie, Georges.

MARIE. Ah! nous y retournerons... ils nous béniront, et revenant à la maison, nous ferons de la musique ensemble.

GEORGES, *mimant.* « Oui, je toucherai » du piano.. et vous chanterez.. j'écoute- » rai. »

MARIE. Et tous les matins, tu me donneras un bouquet... comme celui-ci; et je le partagerai avec toi.

GEORGES, *lui montrant le bouquet qu'elle tient et lui disant par gestes.* « Comme ce- » lui-ci... allons, partagez. »

MARIE. Très volontiers... tiens.

(Elle lui donne la moitié de son bouquet, que Georges prend, baise avec transport, et met dans son sein.)

GEORGES, *exprime sa satisfaction, son contentement par ses gestes passionnés qui disent :* « Il restera là.... que je suis con- » tent! »

MARIE. Et moi aussi, je suis contente... et puisque nous sommes bien bons amis tous les deux, nous ne devons pas avoir de secrets l'un pour l'autre.

GEORGES. « Jamais! »

MARIE. Jamais?.. eh bien! alors qu'est-ce que Toby m'a dit là, en s'en allant : « Il est amoureux et ne veut pas me dire » de qui? »

GEORGES, *mimant.* « Oh! non, non... il » se trompait. »

MARIE. Il se trompait... oh! tu as raison de ne pas le lui dire... il faut être discret avec tout le monde... c'est très-bien... mais avec moi, c'est différent... et tu me le diras.

GEORGES. « Oh! non. »

MARIE. Si... tu me le diras.

GEORGES. « Je n'oserai jamais. »

MARIE. Tu n'oses pas avec moi... en ce cas, je ne vous dirai rien non plus, moi.

GEORGES. « Comment? »

MARIE. Oui, j'ai un secret aussi... j'allais vous le dire moi, parce que j'ai confiance en mes amis.

GEORGES. « Qu'est-ce donc? »

MARIE. Voyez-vous, il faut que je donne l'exemple... Eh bien! oui, car cela te fera plaisir de me savoir heureuse.

GEORGES. « Oh! oui!.. (*avec impatience*) » eh bien? »

MARIE. Eh bien! mon retour, celui de ma mère, de mon oncle... tu ne devines pas?

GEORGES. « Non. »

MARIE, *avec mystère.* On va me marier.

GEORGES. « Vous, vous !.. »

MARIE. Avec Henri, mon cousin, qui est riche, qui me mènera à Paris... et je veux que vous soyez bons amis tous les deux;

car s'il veut que je l'aime... (*Georges paraît accablé de tristesse*) Eh mais! Georges, qu'as-tu donc?

GEORGES, *étouffant.* « Moi, rien... rien. »

MARIE. Si fait... tu as quelque chose...

GEORGES. « Vous, partir si loin... et « moi, le pauvre Georges, je resterai seul... « vous m'abandonnerez. »

(On entend des cris et des coups de fusils.)

MARIE. Ah! mon Dieu! qu'est-ce que c'est que ça? (*elle court au fond*) c'est ma mère qui arrive... oh! je cours... viens donc, Georges, viens donc.

(Elle sort par le fond.)

SCENE VI.
GEORGES, *seul.*

(Il reste immobile, le regard fixe... puis indique par son geste une personne à qui l'on met l'anneau nuptial. Puis des larmes s'échappent de ses yeux, et tandis que l'orchestre joue l'air : *Je te perds, fugitive espérance!* il va lentement s'asseoir près de la table, et, sans gestes, par le seul jeu de la physionomie, il exprime ces deux derniers vers :

« La haïr! ce serait impossible;
»L'oublier est encor plus affreux!

(L'air fini, il appuie son front sur sa main, et est tiré de sa rêverie par les cris et les chants des paysans qui reprennent en chœur dans la coulisse :)

Ce retour, en ce jour,
Est pour nous une fête, etc.

SCENE VII.

Mᵐᵉ DE ROUVRAY, M. DE ROUVRAY, HENRI, MARIE, MARTIGNÉ, GEORGES.

Mᵐᵉ DE ROUVRAY *. Assez, assez... Ah! quelle horreur! quelle indignité! tirer sur nous!

(Georges cache vivement son bouquet.)

M. DE ROUVRAY. Rassurez-vous, ma sœur... il n'y a personne de tué!

HENRI. Ce n'est rien, ma tante.

Mᵐᵉ DE ROUVRAY. Ce n'est rien... des imbécilles qui nous couchaient en joue, en signe de réjouissance... avec ça, que je ne peux pas souffrir les coups de fusil... ça me fait mal : j'en ferai une maladie.

AIR *de Mazaniello.*

Les manans! ils tiraient à poudre,
Sur notre calèche au galop!
M. DE ROUVRAY.
De ce tort il faut les absoudre :
Ils vous aiment!...

* Martigné, Henri, Marie, Mᵐᵉ de Rouvray, M. de Rouvray, Georges dans le fond.

Mᵐᵉ DE ROUVRAY.

Ils m'aiment trop,
Car, que le ciel nous soit en aide!
Ces fusils qui nous ont reçus
Auraient bien pu me tuer raide.

M. DE ROUVRAY.

Avec un grain d'amour de plus.

MARIE. Maman?

Mᵐᵉ DE ROUVRAY. Et qui est-ce qui a eu cette belle idée-là? c'est vous, Martigné?

MARTIGNÉ. Moi, madame?.. J'ai horreur de tout ce qui fait feu... C'est une invention de M. Georges.

Mᵐᵉ DE ROUVRAY. Comment? Georges... (*Il s'approche pour la saluer.*) Qu'est-ce que cela signifie, monsieur?.. et de quel droit donnez-vous des ordres chez moi?.. et des ordres pareils encore?

MARIE. Oh! je t'en prie, ne le gronde pas.

(Georges lui fait entendre que c'était pour la fêter, qu'il était bien aise de son retour.)

M. DE ROUVRAY, *qui s'est assis auprès de la table, observant Georges.* Ah! c'est le jeune muet !.. Il a un air intéressant.

Mᵐᵉ DE ROUVRAY, *à Georges.* C'est bien, c'est bien, n'y revenez pas... (*Montrant un portefeuille que tient un domestique.*) Tenez, prenez ce portefeuille ; portez tout cela dans la caisse de Martigné.

GEORGES, *s'inclinant.* « Oui, madame, tout de suite. »

(Au moment où il va sortir, Henri le regarde avec curiosité, il le regarde aussi, et entre dans le cabinet de Martigné.)

MARTIGNÉ, *à part.* C'est bien fait, ça lui apprendra à faire le maître.

SCENE VIII.

LES MÊMES, *excepté* GEORGES *.

AIR : *Adieu, je vous fuis, bois charmant.*
M. DE ROUVRAY, *qui suit Georges des yeux.*
C'est donc là l'objet, dites-vous,
De vos soupçons contre mon frère?
Mᵐᵉ DE ROUVRAY.
Cette ressemblance, entre nous...
M. DE ROUVRAY, *gaiment.*

Oh! moi, je ne m'y connais guère,
Mais il est bien, son air me plaît,
Et dans ses regards l'esprit brille.
S'il ressemble, c'est un portrait
Qui fait honneur à la famille.

MARIE. Oui... il est très-bien, Georges... et élevé parfaitement... Il a tant d'intelligence !.. je suis sûre que s'il parlait, ce serait un homme très-distingué... et je le recommande à mon cousin... moi d'abord, je l'aime comme un frère.

* Martigné, Henri, Marie, Mᵐᵉ de Rouvray, M. de Rouvray,

HENRI. Il en sera un pour moi, je vous le promets, ma jolie cousine.

MARIE. Dam ! il ne peut rien pour son bonheur... c'est à moi d'y veiller, je l'ai promis à mon père.

Mme DE ROUVRAY. Oh ! ton père, ton père !..

M. DE ROUVRAY, *à demi-voix*. Encore vos idées !..

Mme DE ROUVRAY. C'est plus fort que moi... mon mari aimait tant cet enfant... N'en parlons plus... Je rentre chez moi avec ma fille... j'ai besoin de me remettre un peu du voyage, et de cette réception à coups de fusil... Martigné, vous allez conduire mon frère et son fils dans l'appartement du pavillon.

MARTIGNÉ. Oui, madame.

M. DE ROUVRAY. Allez, ma sœur, ne vous occupez pas de moi.

Mme DE ROUVRAY. Comme chez vous.

MARIE. Adieu, mon cousin.

(Elle sort avec sa mère par la porte à droite.)

MARTIGNÉ. Si ces messieurs veulent.

M. DE ROUVRAY. Merci, merci, monsieur Martigné... je connais le pavillon... j'irai.

MARTIGNÉ, *saluant*. Comme monsieur voudra.

(Il sort.)

SCENE IX.

HENI, M. DE ROUVRAY.

M. DE ROUVRAY. J'ai bien le temps de m'en fermer, vraiment... Je voudrais parcourir le parc, la côte, pour revoir ce pays, ceslieux que je n'ai pas vus depuis si longtemps... (*S'approchant d'Henri qui est rêveur.*) Eh ! mais à quoi penses-tu donc ?

HENRI. Moi ! à rien, mon père... c'est votre émotion qui m'a gagné... et lorsqu'à deux lieues d'ici, j'ai vu vos yeux se mouiller de larmes...

M. DE ROUVRAY. Oui... c'est qu'il y a des souvenirs... Mais parlons de toi, de ton mariage... Ta cousine, voyons, comment la trouves-tu ?

HENRI. Fort bien, mon père, fort bien... une grâce, une candeur...

M. DE ROUVRAY. Ah ! tu épouseras une femme que tu pouras aimer, que tu aimes, sans laisser ailleurs des regrets.... je n'ai point forcé ton choix... tu seras heureux.

HENRI. Oh ! oui, mon père.

M. DE ROUVRAY. Et moi, je le suis déjà... Oui, mon fils, tu le sais, ce mariage comble tous mes vœux... si je l'ai refusé long-temps, c'est qne je n'étais pas sûr de toi... c'est que je ne voulais donner pour mari à ma nièce qu'un honnête homme.

HENRI. Mon père !

M. DE ROUVRAY. Oui, un honnête homme... Tu l'es... je veux le croire, j'en ai besoin, car le doute me tuerait.

HENRI. Que dites-vous ?

M. DE ROUVRAY. Vois-tu, Henri, si je devais craindre que cette fatale passion fût encore dans ton cœur, s'il fallait ne plus avoir confiance en toi, renoncer à ce mariage pour une cause pareille...

AIR : *C'était Renaud de Montauban.*
Je ne pourrais survivre à ton honneur !
 Henri, tu n'aurais plus de père.
HENRI, *épouvanté*.
Que dites-vous, ô ciel !
M. DE ROUVRAY.
 Non, ce malheur
M'aurait tué... car, vois-tu, sur la terre,
De tous les maux auxquels est comdamné
 Uncœur qu'on brise et qu'on déchire,
 Le plus affreux... c'est de maudire
 Le jour qu'un fils nous fut donné.

HENRI, *très-ému*. Mon père, ne parlez pas ainsi... Ne me rappelez pas que j'ai fait si long-temps votre malheur et le mien.... Et puisque vous m'avez pardonné...

M. DE ROUVRAY. Ah ! oui, un passé qui est loin de nous... L'épreuve a été longue... tu en es sorti à ton honneur ; et je veux croire que tout cela n'était que le travers passager d'un enfant gâté par une mère faible et capricieuse, dont les folles idées m'ont causé tant de chagrins... A présent, mon enfant, je n'ai plus que toi au monde... Toi, et la fille de mon frère que tu rendras heureuse.

HENRI. Oh ! oui, je vous le jure.

M. DE ROUVRAY. J'y compte !.. Henri, j'ai été jeune aussi, moi... j'ai peut-être là sur le cœur des regrets... que toi seul peux me faire oublier...

HENRI. Mon père !

M. DE ROUVRAY. Bien, bien... demain nous signerons le contrat... et je pourrai enfin, sans crainte, te remettre les titres de ta fortune, à laquelle tu as fait plus d'une brèche.

HENRI, *préoccupé*. Demain, mon père...

M. DE ROUVRAY.
AIR : *Amis, voici la riante semaine.*
Mais viens, suis-moi, témoin de ma jeunesse,
Pour moi, ce parc a tant de souvenirs...
Avec mon fils dans une douce ivresse,
J'y veux rêver à mes premiers plaisirs...
Par les chagrins le cœur froissé, naguère ;
Je regrettais le passé... mais je voi
Qu'on peut laisser les regrets en arrière,
Lorsque l'on a le bonheur près de soi.

(*M. de Rouvray sort le premier par la porte à gauche. Henri va sortir quand Toby entre par la droite.*)

SCENE X.

LES MÊMES, TOBY.

TOBY, *à la cantonnade.* Oui, oui, tout de suite... Une lettre pour M. de Rouvray.

HENRI, *vivement à Toby.* Hein ! une lettre... pour qui ?

TOBY. Pour monsieur votre père.

HENRI. Une lettre... Donnez... (*La regardant.*) Ciel !

M. DE ROUVRAY, *rentrant.* Eh bien! tu ne viens pas ?

HENRI. Si fait, mon père, me voilà...(*A Toby.*) Merci.

(Il cache la lettre et sort avec son père.)

SCENE XI.

TOBY, *ensuite* GEORGES.

TOBY. Merci... tiens, il n'y a pas de quoi... on dirait que cette lettre lui a fait quelque chose... et puis cet homme qui me l'a remise en secret, et à voix basse... (*étouffant sa voix*) comme ça : « Tenez, pour M. de Rouvray. »

GEORGES, *sortant du cabinet de Martigné. Son geste semble dire :* « Oui, il n'y a plus à « hésiter, je le ferai. »

TOBY, *allant gaîment à lui.* Ah ! monsieur Georges. (*Il s'arrête tout-à-coup en voyant son air triste.*) Qu'avez-vous donc ? vous voilà pâle et défait !

GEORGES. « Moi ! »

TOBY. Vous avez pleuré.

GEORGES. « Du tout... du tout. »

TOBY. Allons donc, ce n'est pas moi que vous tromperez. Je vous aime trop pour cela... Vous avez du chagrin... Ah ! quelle idée !.. cet amour dont vous me parliez ce matin... mamzelle Marie...

GEORGES. « Tais-toi. »

TOBY. Oh ! ne craignez rien... je suis très-discret... et puis je pars ce soir.

GEORGES. « Oui, tu pars.... tu pars, » n'est-ce pas ? tu vas bien loin, bien » loin ? »

TOBY. Bien loin, bien loin... Dam !.. aussi loin que le *Luxor* voudra me mener.

GEORGES, *d'un air résolu.* « Moi aussi, » je m'en vais avec toi... je pars. »

TOBY. Hein ! partir avec moi !

GEORGES. « Oui. »

TOBY. Ah ! mon Dieu! monsieur Georges... y pensez-vous ? quitter cette maison !

GEORGES. « Il le faut. »

TOBY. Mais qu'est ce que vous ferez?.. quelles ressources ?

GEORGES, *montrant les habits de Toby, sa veste de matelot, son chapeau, sa ceinture, dit qu'il prendra le même costume.* « Je serai matelot, comme toi. »

TOBY. Matelot comme moi?

GEORGES. « Oui. » (*Exprimant par ses gestes les actions qu'il décrit.*) « Je monterai » dans les voiles, sur les mâts, comme un » autre, et puis si l'ennemi vient... »

AIR : *Ah ! quel plaisir d'être soldat.*

« S'il faut se battre, je serai soldat, le » fusil sur l'épaule, *la hache et le pistolet* » aupoing.. »

TOBY. Ah ! vous vous battrez bien, je suis tranquille... mais si vous vous faites tuer.

GEORGES', *posant la main sur son cœur.* « Ah oui! frappé là..... au cœur.... (*lui* » *montrant le portrait de sa mère.*) Je tom-» brai content, heureux, j'irai rejoindre ma » mère, là-haut. »

(Fin de l'air : *Ah ! quel plaisir d'être soldat.*)

TOBY. Oh ! rejoindre votre mère... vous avez le temps... et moi donc, j'en mourrais de chagrin.

GEORGES, *se jetant dans ses bras.* « Bon Toby! je te crois. »

TOBY, *lui serrant la main.* Monsieur Georges, j'irai trouver Mme de Rouvray.

GEORGES. « Non, non. »

TOBY. Mais sa fille...

(L'orchestre joue l'air : *Faut l'oublier.*)

GEORGES. « Je l'oublierai. »

TOBY. Puisque vous le voulez absolument, ce soir, je quitte mon frère... je vais passer la nuit au Hâvre, à la nouvelle taverne des matelots, mes camarades.

GEORGES. « C'est bien. »

TOBY. Et puis après nous partirons sur le *Luxor*, à la grâce de Dieu : je viendrai vous prendre à la nuit tombante, et nous ne nous quitterons plus.

(Georges lui tend les bras, il s'y jette.)

MARIE, *en dehors.* Oh! que c'est bien !

GEORGES. « Chut! c'est elle ; va-t-en. »

SCENE XII.

GEORGES, TOBY, MARIE.

MARIE, *accourant.* Georges, Georges, voyez donc ces bijoux, cet écrin... ah ! Toby !

TOBY. Oui, mamzelle, je m'en allais.

MARIE. Eh bien! dis-moi son secret...

te l'a-t-il confié? (*Georges se détourne pour essuyer une larme.*) Eh! mais, qu'a-t-il donc?.. cet air triste.

TOBY. Ah! mamzelle, il a bien du chagrin.

MARIE. Du chagrin?

(*Georges regarde vivement Toby, et lui serre la main en lui recommandant le silence.*)

TOBY. Soyez tranquille, je ne dirai rien.

(*Il sort.*)

SCENE XIII.
GEORGES, MARIE.

MARIE. Du chagrin!.. toi, Georges... quand je vais me marier, quand je vais être heureuse.

GEORGES, *avec un sourire ironique, et exprimant par ses gestes le dialogue suivant.* « Heureuse... parce que vous avez des bi- « joux... parce que vous allez vous parer « de diamans. »

MARIE. Quel air de reproche! au moment où je m'occupe de toi... car vois-tu, ce bouton en brillans, il est pour toi, c'est un souvenir.

(*Elle le lui présente.*)

GEORGES. « Un souvenir... ah! don- » nez. »

(*Il va pour le prendre.*)

MARIE. C'est mon cadeau de noces.

GEORGES, *le repoussant et s'éloignant.* « Je n'en veux pas »

MARIE. Georges!

GEORGES « Je n'en veux pas. »

MARIE. Tu ne veux donc rien de moi? *S'approchant de lui, et le regardant avec amitié.*) Des larmes dans ses yeux! tu es malheureux! oh! ne suis-je plus ton amie? la sœur que mon père t'a donnée?

SCENE XIV.
LES MÊMES, Mme DE ROUVRAY, MARTIGNE.

Mme DE ROUVRAY. Bien, Martigné, bien, vous me donnerez cela demain.

MARTIGNÉ. Quand madame voudra.

(*Georges essuie des larmes à part, Marie est très-émue.*)

Mme DE ROUVRAY. Ah! Marie, que fais-tu là?

MARIE. Maman, ce n'est rien... je lui montrais cet écrin, ces bijoux.

GEORGES, *affectant de la gaîté.* « Oui, » oui, c'est joli, c'est charmant. »

Mme DE ROUVRAY, *les observant.* Ah! vas, ma fille, rentre chez toi, où je vais te suivre; vas à ton piano. (*Marie jette un regard sur Georges, et s'éloigne lentement.*) Vous, Georges, allez congédier tous ces paysans qui viennent danser autour du château, et me casser la tête.

(*Georges sort par le fond.*)

MARTIGNÉ. Le fait est que ces gens-là sont d'une gaîté bien bruyante.

Mme DE ROUVRAY. Suivez-moi, Martigné.

SCENE XV.
Mme DE ROUVRAY, HENRI, MARTIGNÉ, *au fond.*

HENRI, *tenant une lettre ouverte; il rentre par la porte à gauche.* Enfin, j'ai pu m'échapper, et... ciel! ma tante.

(*Il cache la lettre.*)

Mme DE ROUVRAY. Ah! Henri... est-ce moi que tu cherchais?

HENRI. Non, ma tante... c'est-à-dire...

Mme DE ROUVRAY. Bien, bien; c'est une autre personne... je comprends... moi, je vais écrire à mon notaire d'être ici demain de bonne heure, pour signer le contrat et compter la dot.

HENRI. Ma tante!

MARTIGNÉ. Si madame veut entrer là, dans mon bureau, pour écrire?

Mme DE ROUVRAY. Merci, Martigné. (*A Henri.*) Allons, je te laisse, car j'ai deviné... hem!

AIR : *Vaudeville du premier prix.*

Ici, tu cherches ta cousine,
Qui va venir.

HENRI.
Il se pourrait?

Mme DE ROUVRAY.
Pourquoi rougir? va, je devine,
Mon enfant, je sais ce que c'est;
Mon jeune époux avec adresse,
Savait rapprocher nos amours...
Il ne me cherchait pas sans cesse,
Mais je le rencontrais toujours.

Mon neveu, mon fils... à bientôt.

(*Elle sort par la droite; Martigné sort avec elle.*)

SCENE XVI.
HENRI, *seul.*

Enfin, elle est sortie! je suis seul! quel supplice! je n'ose regarder mon père en face. S'il savait... oh! cette lettre!.. mais aussi quelle impudence!.. oser lui écrire. me poursuivre jusqu'ici... c'est une haine

à mort. (*Lisant.*) « Votre fils me doit dix
» mille francs, dette de jeu, dette d'hon-
» neur.» (*S'interrompant.*) L'infâme! (*Lisant.*) « Depuis huit jours, il m'échappe
» sans cesse.» (*S'interrompant.*) Mais non,
je lui demande du temps... un jour encore,
un jour qu'il me refuse... il veut me faire
expier mon bonheur passé. (*Lisant.*) « Si
» je ne suis payé aujourd'hui, ce soir mê-
» me, je me présente dans sa nouvelle fa-
» mille.» (*Froissant la lettre.*) Misérable!
c'est qu'il le ferait ainsi. Ah! c'est horri-
ble!.. et cependant, que faire? à qui m'a-
dresser, sans craindre de me trahir? mon
père! oh! qu'il ne sache jamais... il ne me
pardonnerait plus , il me maudirait...
mais demain, demain, je serai riche, je
pourrai.. il n'attendra pas.. il veut me perdre, si je pouvais pour ce soir, pour ce soir
seulement , alors j'irais à lui je lui jetterais
son argent au visage; et après cela, l'épée
à la main; mais il faut le payer, il le faut
à tout prix... Allons, je vais écrire à ma
tante... elle seule peut me sauver.

AIR : *Un jeune page aimait Adèle.*

Oui, pour l'honneur de la famille ,
Je lui dirai tout, je le dois;
A la main, au cœur de sa fille ,
C'en est fait, je perds tous mes droits.
Après cet aveu volontaire,
Je ne puis plus espérer rien...
Rien que le bonheur de mon père ;
Car je le paie au prix du mien.

(*Il s'assied près de la table pour écrire.*) Comment lui dire? (*Se détournant et regardant
vers la porte du fond.*) Quelqu'un! (*Regardant
le cabinet de Martigné.*) Ah! là!

(Il y entre vivement.)

SCENE XVII.

GEORGES, *puis* TOBY.

(Il fait nuit.)

GEORGES *entre doucement, il a son man-
teau sur son bras ; il semble impatienté de ne*
pas voir Toby. Il va regarder à la fenêtre, et
dit. « Allons, attendons. »

(Il va s'asseoir auprès de la table, et tombe dans une
profonde rêverie. Marie , dans la coulisse , après
avoir joué une ritournelle sur le piano, chante le
premier couplet de la romance intitulée : *Adieu,
beau rivage de France.* (Musique de Grisar.)
Georges est tiré de sa rêverie par la voix de
Marie ; il se lève et court à la porte ; il l'écoute
un instant, immobile, et semble dire aussi :

Adieu pour toujours ,
Mes amours.

Quand Marie a fini le couplet, il cache sa figure dans
ses mains et éclate en sanglots.)

TOBY, *entrant doucement par le fond.* Il
me semblait avoir entendu... (*Il aperçoit
Georges.*) Ah! monsieur Georges.. eh bien!
partons-nous?

GEORGES, *faisant un effort sur lui-même.*
« Oui, oui;» (*puis s'arrêtant, il dit à Toby:*)
« Elle est là! et je la quitte pour toujours!
» Ah! c'est affreux.»

TOBY. Allons , monsieur Georges, du
courage. (*Marie reprend le refrain du couplet. Georges s'élance et se précipite à genoux
devant la porte de Marie; Toby le relève et
lui dit :*) Partons, voici la nuit.

GEORGES. « Ah! oui , il faut partir...
» emmène-moi... adieu, Marie, adieu. »

(Toby l'entraîne , et ils sont vers la porte, quand
Henri sort, pâle et comme épouvanté, du cabinet de
Martigné.)

SCENE XVIII.

LES MÊMES, HENRI.

HENRI. Ah! sauvé, sauvé! (*Apercevant
Georges et Toby.*) Ciel!

(Il recule en tremblant vers le cabinet et les regarde
s'éloigner en respirant à peine. Georges jette un
dernier regard vers la chambre de Marie.)

(Le rideau tombe.)

FIN DU PREMIER ACTE.

ACTE II.

Le théâtre représente le salon de la maison, au rez-de-chaussée. Une chambre à gauche, appartement à droite; sur le premier plan, à droite, un petit cabinet; dans le fond, une fenêtre donnant sur un jardin.

SCENE PREMIERE.
Mme DE ROUVRAY, HENRI, MARIE, M. DE ROUVRAY.

(Au lever du rideau, Marie est assise et brode; Henri est appuyé sur un fauteuil et paraît préoccupé. Mme de Rouvray, qui était assise, se lève pour aller vivement à son beau-frère qui entre par la porte latérale, à gauche.)

Mme DE ROUVRAY. Eh! arrivez donc, monsieur de Rouvray, venez donc ranimer la conversation qui tombe toujours.

M. DE ROUVRAY. Bonjour, ma chère sœur; (*embrassant Marie*) ma jolie nièce; (*tendant la main à son fils*) bonjour, Henri.

MARIE. Mon Dieu, mon oncle, comme vous êtes sorti de bonne heure, ce matin!

M. DE ROUVRAY*. Eh oui! j'ai descendu votre belle côte d'Ingouville jusqu'au Hâvre... mais j'ai voulu être de retour pour le contrat... Le notaire n'est pas arrivé?

HENRI. Pas encore, mon père.

Mme DE ROUVRAY. Vous venez de voir vos amis de la ville?

M. DE ROUVRAY. Le procureur du roi.

Mme DE ROUVRAY. M. de Géfroy!

M. DE ROUVRAY. Oui; un brave jeune homme que j'ai fait placer, et qui, en échange de ce service-là, s'est donné beaucoup de mal pour me faire élire député *intra muros*, ce qui lui profitera quelque jour... C'est un échange de bons procédés assez à la mode.

AIR: *Vaudeville de la Famille de l'Apothicaire.*
On monte, on pousse, on est poussé,
Et par ce moyen efficace
Celui qu'on a prôné, placé,
A son tour vous prône et vous place.
Ainsi l'époque où nous voilà
A son caractère est fidèle.
    Mme DE ROUVRAY.
Et plus tard on l'appellera
Le règne de la courte échelle.

M. DE ROUVRAY. Mais je n'ai pas trouvé M. de Géfroy... On est tout occupé au Hâvre d'une rixe qui a eu lieu entre des matelots... et puis de je ne sais quel événement, sous les ormes, derrière le théâtre... Un homme blessé.

HENRI, *vivement*. Il n'est que blessé?

Mme DE ROUVRAY. Oh! ne parlez pas de cela, je vous prie, aujourd'hui, je veux que tout le monde soit gai; à commencer par mon gendre que je trouve rêveur.

HENRI. Moi, ma tante, c'est que je pense.

* Marie, M. de Rouvray, Mme de Rouvray, Henri.

Mme DE ROUVRAY. Quand on se marie on ne pense pas... on parle, on rit, on s'amuse.

M. DE ROUVRAY. Bien, bien.. grondez-le.. mais je vais prendre ma revanche de ce côté-ci... car ma petite bru n'est pas d'une gaîté folle.

MARIE. Ah! c'est que je ne suis jamais folle, mon oncle.

Mme DE ROUVRAY. Et puis, écoutez donc.. un jour de fiançailles, il est permis à une jeune fille d'avoir un peu d'émotion .. Je m'en souviens encore, moi... mon pauvre petit cœur battait... Il est vrai que j'allais quitter ma mère.

M. DE ROUVRAY. Oui; mais Marie ne vous quittera pas.

MARIE. Oh non! jamais.

M. DE ROUVRAY. Et bientôt, je viendrai ici avec mes enfans, m'établir auprès de vous... dans ce pays, qui me rappelle mes premiers plaisirs.

Mme DE ROUVRAY, *à demi-voix*. Et vos premières amours.

M. DE ROUVRAY. Chut! oh! ne dites pas.

MARIE. Qu'est-ce donc? Mon oncle paraît bien ému.

M. DE ROUVRAY. Tu crois?.. c'est possible... à mon âge, on ne jette pas impunément un regard en arrière.

AIR *de Téniers.*
Jeune et rieuse, à peine à ton aurore,
Le temps pour toi n'est que dans l'avenir,
Oui, mon enfant, tu ne sais pas encore
    Tout le pouvoir d'un souvenir.
C'est un doux bruit qui parfois nous réveille,
C'est un écho qui revient jusqu'à nous;
Mais de tous ceux qui frappent notre oreille,
Les plus lointains sont toujours les plus doux.
Mais il y en a qui ont aussi leur amertume.

(Il se détourne comme pour cacher son émotion et redescend à la gauche.)

Mme DE ROUVRAY. Je vais envoyer chercher le notaire par Georges.

MARIE. Ah oui! Georges.... Où est-il donc?

SCENE II.
LES MÊMES, MARTIGNÉ.

MARTIGNÉ, *entrant par la droite*. Parti, déniché, mademoiselle... on ne sait pas ce qu'il est devenu.

MARIE. Georges!

Mme DE ROUVRAY. Que voulez-vous dire?

MARTIGNÉ[*]. Je descends de sa chambre, il n'y est pas... le lit n'est pas même défait... Il a découché !...

Mᵐᵉ DE ROUVRAY. Mais c'est indigne... Ce petit drôle !

M. DE ROUVRAY. Allons, allons, calmez-vous... Que diable ! quand on est jeune, on est jeune.

MARIE. Ah ! mon Dieu ! s'il lui était arrivé quelque chose.

HENRI. Oh ! rassurez-vous.

MARTIGNÉ. J'en ai eu peur un moment.. Dam ! ce jeune homme qui a été trouvé hier au soir sans connaissance derrière la comédie.

(Henri se détourne.)

MARIE. O ciel ! vous penseriez?

M. DE ROUVRAY. Georges !

HENRI. Ce n'est pas lui. (*Se reprenant.*) Comment supposer...

MARTIGNÉ. Oh ! j'ai été rassuré tout-à-fait, quand j'ai su qu'on avait trouvé sur cet étranger de l'or, et des billets de banque... et puis, qu'il avait été blessé en duel, et loyalement, a-t-il dit, en revenant à lui... car il va mieux.

M. DE ROUVRAY, *va s'asseoir à table.* Quelque querelle entre deux étourdis.

HENRI, *affectant de la gaîté.* Mon Dieu! nous oublions le notaire ; et puisque M. Georges n'est pas ici, pour aller l'arracher à son étude, j'y vais, moi.

Mᵐᵉ DE ROUVRAY. Comment ! vous?

M. DE ROUVRAY, *regardant Marie.* Il a raison... voilà un empressement dont on te saura gré.

MARTIGNÉ. Si madame le permet, je vais lui rendre mes comptes.

HENRI, *revenant vivement.* Allons donc, des comptes aujourd'hui!... et cette fête que nous avons organisée... et les invitations que vous devez envoyer ce matin... ah! ma tante! il faut les faire... n'est-ce pas, ma jolie cousine, nous voulons danser ce soir?

Mᵐᵉ DE ROUVRAY. Nous allons écrire.

MARTIGNÉ. Mais...

HENRI. Eh vite! monsieur Martigné, dites qu'on me selle un cheval, à l'instant.

MARTIGNÉ. J'y vais, monsieur, j'y vais.

(Il sort vivement par la porte à gauche.)

M. DE ROUVRAY. Bravo donc.

Air *du Ménage de garçon.*
Ta bonne humeur est revenue,
Eh bien ! je t'aime mieux ainsi.
Mᵐᵉ DE ROUVRAY.
Et je veux qu'elle continue

[*] Marie, Martigné, Mᵐᵉ de Rouvray, Henri, M. de Rouvray.

Nous en avons besoin ici;
Je suis toute joyeuse, aussi,
Il faut qu'on s'amuse à la ronde
Un jour de noce... et je le voi,
Ta gaîté gagne tout le monde...
HENRI.
Oui, tout le monde excepté, moi.

(*A M. de Rouvray.*) N'avez-vous pas une commission à me donner?

M. DE ROUVRAY, *lui donnant une lettre.* Sans doute... une lettre pour M. Cabrera, mon banquier... j'ai des comptes à te rendre aussi... il te remettra les titres, et les fonds qui t'appartiennent maintenant...

HENRI. Oh! cela ne pressait pas, mon père... mais puisque vous le voulez...

(Prenant vivement la lettre.)

MARTIGNÉ, *rentrant.* Le cheval de M. Henri est prêt.

HENRI. Adieu, Marie; adieu, ma tante...

M. DE ROUVRAY. Dépêche-toi... pendant ce temps-là je vais lire le journal du Hâvre, moi... il est peut-être amusant.

MARIE, *à Henri prêt à sortir.* Mon cousin, si vous rencontrez Georges... dites-lui de revenir tout de suite... que nous sommes inquiets.

HENRI. Comptez sur moi...

(Il sort en courant par la porte à gauche.)

SCÈNE III.

Les Mêmes , *excepté* HENRI[*].

Mᵐᵉ DE ROUVRAY. Ah! sois tranquille, il reviendra.

MARTIGNÉ. Lui, qui est toujours partout, qui se mêle de tout, quand on n'a pas besoin de lui... aujourd'hui que sa présence serait nécessaire, il me laisse tout sur les bras... Il est vrai que cela n'en ira pas plus mal.

MARIE. Oh! c'est pour le faire gronder ce que vous dites là.

MARTIGNÉ, *piqué.* Permettez.

MARIE. Parce qu'il est sorti... il sera allé à Monvilliers.

M. DE ROUVRAY, *qui est assis auprès de la table.* A Monvilliers... et qu'y va-t-il faire?

MARIE. C'est son pays, mon oncle... il y va souvent.

M. DE ROUVRAY. Tant mieux... j'ai un petit voyage à faire de ce côté... il m'accompagnera.

Mᵐᵉ DE ROUVRAY. A Monvilliers... et pourquoi donc ?

M. DE ROUVRAY. Oh ! c'est mon secret.

MARTIGNÉ. Mais quel bruit'..

MARIE, *courant à la porte à gauche.* C'est lui... non, c'est Toby.

Mᵐᵉ de Rouvray, Marie, Martigné, M. de Rouvray.

SCENE IV.

M. DE ROUVRAY, Mme DE ROUVRAY, MARIE, TOBY, MARTIGNÉ*.

TOBY, *tout essouflé*. Madame... mademoiselle Marie...

Mme DE ROUVRAY. Que nous veut ce garçon?..

MARIE. Qu'est-ce donc?

MARTIGNÉ. Voyons, voyons, explique-toi.

TOBY. C'est que... pardon... je suis tout essouflé... tout bouleversé, tout... vous n'avez pas vu M. Georges, ce matin?

MARIE. Georges!.. que lui est-il arrivé?

TOBY. Hier au soir, il était sorti avec moi.

MARTIGNÉ, *à Mme de Rouvray**.* Hier au soir... vous voyez.

MARIE. Après... après?

TOBY. Nous étions allés à la nouvelle taverne...

Mme DE ROUVRAY. A la taverne... Georges?

MARIE. Maman, si c'est la première fois.

MARTIGNÉ. Avec des gens qui fument...

TOBY. Ah! ce n'est pas là qu'est le mal.

Mme DE ROUVRAY. Comment?

TOBY. D'autant plus que c'est bien composé... tous matelots.

MARTIGNÉ. Oui... des gens qui boivent.

TOBY. Ce n'est pas là qu'est le mal.

Mme DE ROUVRAY. Qui se battent.

TOBY. Ah! le mal, le voilà!

M. DE ROUVRAY. Ah! ah! la querelle dont on m'a parlé ce matin.

TOBY. Précisément.

MARIE. Mais Georges, Georges?..

TOBY. Je ne sais pas ce qu'il est devenu.

MARIE. O ciel!

MARTIGNÉ. Là! il s'est enivré.

Mme DE ROUVRAY. Enivré!

TOBY, *criant plus fort.* Ce n'est pas vrai... Pardon, madame, c'est ce vieux qui ne sait ce qu'il dit.

MARTIGNÉ. Insolent!

DE ROUVRAY. Allons... du calme...: contez-nous ce qui s'est passé.

TOBY. Il avait du chagrin.

MARTIGNÉ. Et pourquoi?

TOBY. Ça ne vous regarde pas... c'est son secret... il voulait s'embarquer, par-

tir avec moi aujourd'hui, sur le Luxor, pour se distraire... pour se faire tuer.

MARIE. Ah! mon Dieu!

Mme DE ROUVRAY. Se faire tuer!

MARTIGNÉ. Le drôle!.. ça veut se faire tuer.

TOBY. Pourquoi pas?.. si c'est son plaisir.

M. DE ROUVRAY. Continue.

TOBY. Alors, moi je le conduis à la nouvelle taverne des matelots... je le mets en face d'un pot de bière auquel il n'a rien dit... je cours chez le capitaine, pour le faire admettre avec moi... j'arrange l'affaire: et à mon retour, qu'est-ce que je trouve?.. je ne trouve rien... que des bancs cassés, des tables renversées, et de la bière... oh! de la bière... elle coulait... c'était une bénédiction... cette bonne double-bière!..

MARIE. Mais Georges, Georges?

TOBY. Il n'y était plus... il paraît qu'un enfant de ce pays... un matelot l'avait reconnu, et lui avait parlé de feu M. de Rouvray.

Mme DE ROUVRAY. Mon mari...

M. DE ROUVRAY. Mon frère!

TOBY. En termes, dam!.. et ça à cause du père Martigné qui rançonne toujours le pauvre monde... ça retombe sur les maîtres.

MARTIGNÉ. Qu'est-ce que c'est?.. qu'est-ce que c'est?

TOBY. Georges n'a pu entendre insulter son bienfaiteur de sang-froid.

M. DE ROUVRAY. Il a eu raison.

TOBY. Il s'est emporté... on a pris parti pour et contre... la querelle s'est échauffée... les pots de bière ont volé en l'air, pour commencer... après ça, le mobilier de la taverne... la police est accourue au bruit... les uns se sont sauvés... les autres ont été arrêtés.

Mme DE ROUVRAY. Il est en prison?

MARIE. Georges!

MARTIGNÉ, *à part.* C'est bien fait.

Mme DE ROUVRAY. Une pareille conduite!

DE ROUVRAY. Que voulez-vous?.. il a eu tort de se battre... voilà tout.

TOBY. Dam! on boit trop d'un coup... les têtes se montent, mais c'est égal... on peut s'entendre... s'expliquer tranquillement... à la bonne heure... mais se battre! fi donc!.. j'aurais voulu être là... j'en aurais assommé deux ou trois.

Mme DE ROUVRAY.

AIR du ballet des pierrots.

Taisez-vous... dans une bagarre
Se faire arrêter...

---

*Martigné, Mme de Rouvray, Toby, M. de Rouvray. Marie.

** Martigné, Mme de Rouvray, Toby, M. de Rouvray, Marie.

MARTIGNÉ.
C'est charmant!
Une bataille...

TOBY.
Ça n'est pas rare,
Tous les jours on en fait autant.

MARTIGNÉ.
Là! voyez-vous, les bons apôtres!

TOBY.
S'lon moi, les torts qu'il aurait eus,
S'raient d'sêtre laissé battr' par les autres.
Et non pas d'les avoir battus.

Mᵐᵉ DE ROUVRAY. Taisez-vous!.. (*Allant à M. de Rouvray.*) Mais que faire maintenant?.. s'il est arrêté... on viendra chez moi... c'est nous qui l'avons élevé.

MARIE. Il faut le réclamer.

TOBY. Oui, oui... vous aimez Georges.

Mᵐᵉ DE ROUVRAY. Moi!.. un petit drôle qui nous donne tant d'inquiétude... mais enfin, c'est égal... il faut faire des démarches, courir à la ville...

M. DE ROUVRAY. Allons, allons, calmez-vous... vous voilà toute troublée pour une bagatelle...

Mᵐᵉ DE ROUVRAY. Une bagatelle!

M. DE ROUVRAY. Sans doute; une escapade de jeune homme... ce n'est rien, je me charge de cette affaire.

Mᵐᵉ DE ROUVRAY. Et vous croyez qu'elle n'aura pas de suites?

M. DE ROUVRAY. Aucune.

MARIE. Ah! merci mon oncle... (*A Martigné.*) Vous, Martigné...

AIR : *A demain, j'ai votre parole* (de l'Arbitre).
Pour le rejoindre courez vite.

MARTIGNÉ.
Mais j'ai des affaires ici,
A ma caisse...

Mᵐᵉ DE ROUVRAY.
Allons, tout de suite,
Envoyez nos gens après lui.

M. DE ROUVRAY.
Au parquet je m'en vais écrire.

MARIE, *qui s'est rapprochée de Toby, bas.*
Qui pouvait donc le chagriner?

TOBY, *de même.*
Moi, je n'ose pas vous le dire,
Mais vous pourriez le deviner.

ENSEMBLE.
Qu'on se hâte, qu'on parte vite...
Il faut le ramener bien vite.
Oui, ma sœur,
Oui, ma fille, } il faut tout de suite
Oui, ma mère,
Envoyer } nos } gens après lui.
} vos }

(*Ils sortent. M. de Rouvray et Marie par la gauche, Mᵐᵉ Rouvray et Martigné par la droite.*)

SCÈNE V.

TOBY, *seul.*

Allons, ça va bien... ils reviennent un peu... mais s'ils savaient tous qu'on est à

sa poursuite... qu'il y a eu des blessés... (*écoutant*) Eh! mais... qu'est-ce que j'entends...? (*Musique.* Marche du Guet Esmeralda. *Toby, va pour regarder par la fenêtre, et aperçoit Georges qui l'a ouverte en dehors; Toby pousse un cri.*) Ah!

(Georges lui fait signe de se taire, en plaçant son doigt sur ses lèvres. Il s'élance dans l'appartement, pâle, défait, les habits en désordre.)

SCENE VI.

GEORGES, TOBY.

TOBY. Dieu merci! je vous revois, vous êtes sauvé.

GEORGES, *écoutant, il fait entendre à Toby qu'il faut garder le silence.* « Chut, tais-toi, « entends-tu? »

TOBY. On vous poursuit?

GEORGES, *montrant le jardin.* « Dans le jardin.»

TOBY. Des soldats, des gens de justice.

GEORGES. « Ils m'ont poursuivi, ils « m'avaient arrêté. »

(Il lui fait entendre par ses gestes qu'on le tenait au collet.)

TOBY. Ils vous tenaient?

GEORGES, *mimant le récit suivant.* « Ils « voulaient m'attacher les mains, j'étais « au désespoir... cela m'a donné de la for-« ce... je me suis débattu... je me suis « échappé. »

TOBY. Échappé?.. bravo!

GEORGES. « Je suis arrivé en courant, « là-bas, près du mur du jardin; j'ai grimpé « avec les genoux, les mains. »

TOBY. Vous avez escaladé le mur?

GEORGES, *lui montrant ses mains.* « Vois, « vois. »

TOBY. Pauvre monsieur Georges... mais calmez-vous, vous voilà en sûreté... Je cours prévenir tout le monde dans la maison, dire que vous êtes ici.

GEORGES, *effrayé.* « Non, non. »

TOBY. Mais ils savent tout.

GEORGES. « Grand Dieu! »

TOBY. Ne craignez rien... j'ai arrangé ça adroitement... j'ai dit que vous vous étiez battu... madame était furieuse... mais c'est égal.

GEORGES, *écoutant.* « Ah! les voilà... « (*courant à la fenêtre*) ils viennent!...»

TOBY, *regardant par la fenêtre.* Eh! mon Dieu! oui, on a osé pénétrer dans le jardin...

GEORGES. « Je suis perdu. »

TOBY, *toujours près de la fenêtre.* On

prononce votre nom... ils entrent dans la maison.

GEORGES. « Silence... ah ! »

TOBY. On vient ici... il faut vous cacher.

GEORGES, *montrant la porte du cabinet à droite.* « Oui, là, là... mais toi, du calme, « du sang-froid... une figure riante... (*Il se jette dans le cabinet. Ah ! »*

TOBY, *le suivant jusqu'à la porte.* Bien ; soyez tranquille... ils me tueront plutôt.

(Georges ferme la porte, Toby se place devant.)

SCENE VII.

TOBY, Mme DE ROUVRAY, MARIE.

MARIE, *accourant par la gauche.* Maman, maman... je suis toute tremblante.

Mme DE ROUVRAY, *entrant par la droite.* Qu'y a-t-il ?.. que se passe-t-il ?

MARIE. Des messieurs tout en noir... des gens de justice qui sont dans la maison... qui demandent Georges... ah ! que j'ai peur !

Mme DE ROUVRAY. Chez moi, des gens de justice !.. quel scandale !

TOBY. Ce n'est pas sa faute.

Mme DE ROUVRAY. Taisez-vous !.. où est ton oncle ?

MARIE, *à la fenêtre.* Il est là... tenez, il leur parle... il les retient... ah ! ils vont s'en aller.

TOBY. Certainement, puisqu'il n'est pas ici.... (*regardant par la fenêtre*) oh ! les voilà bien.

MARIE. Oui, puisqu'il n'est pas ici.

Mme DE ROUVRAY. Non certes... et qu'il n'y revienne jamais... ces messieurs peuvent chercher partout.

MARIE. Assurément, on peut leur ouvrir toutes les portes.

(Elle ouvre d'abord la porte de l'appartement à droite.)

Mme DE ROUVRAY. Je vais le leur dire.

TOBY. Mais, madame...

MARIE, *ouvre la porte du petit cabinet à droite et pousse un grand cri.* Ah !

(Elle fait face au théâtre en se collant contre la porte.)

Mme DE ROUVRAY *et* TOBY, *se retournant*[*]. Qu'est-ce donc ?

Mme DE ROUVRAY. Qu'as-tu ?

MARIE. Ce n'est rien, maman, rien.... c'est à cette fenêtre... j'avais cru voir une vilaine figure qui m'a fait peur... non !..

Mme DE ROUVRAY. Quelle folie !

MARIE, *à part.* Oh ! c'est lui !

TOBY, *à part.* Elle l'a vu !

[*] Toby, Mme de Rouvray, Marie.

SCENE VIII.

LES MÊMES, M. DE ROUVRAY, *ensuite* MARTIGNÉ.

M. DE ROUVRAY, *entrant par la porte à gauche, à la cantonnade.* Oui, messieurs... oui, c'est un jeune homme, dans tous les cas, j'en réponds à la justice.

Mme DE ROUVRAY. Venez, venez, mon frère.

M. DE ROUVRAY. Oh ! je m'attendais à cet effroi... mais remettez-vous ; car je vous l'ai déjà dit, ce ne sera rien.

Mme DE ROUVRAY. Mais ces soldats ?

M. DE ROUVRAY. Ils s'en vont.

Mme DE ROUVRAY. Ah ! je respire.

MARTIGNÉ, *entrant vivement par la droite et courant à la fenêtre.* Restez, restez, messieurs... je le dénonce... à la police... à la justice... au diable.

M. DE ROUVRAY. Expliquez-vous.

MARTIGNÉ, *tout hors de lui, à M. de Rouvray.* Ah ! vous ne savez pas... Georges... c'est lui... c'est... un scélérat... (*courant à la fenêtre*) arrêtez-le.

M. DE ROUVRAY. L'arrêter ! et pourquoi ?

TOBY, *vivement.* Il n'y est pas.

MARIE. Non... il n'y est pas.

MARTIGNÉ. C'est égal, arrêtez-le.

M. DE ROUVRAY. Mais encore, la raison ?

MARTIGNÉ, *venant sur le devant de la scène à gauche.* L'or, les billets, dans mon bureau... il a volé, tout volé !

TOUS. Georges !

(Georges s'élance du cabinet en étouffant un cri.. Il repousse Toby qui vient pour l'empêcher d'avancer.)

Mme DE ROUVRAY. C'est lui !

MARIE. Malheureux !

MARTIGNÉ, *tout hors de lui et reculant.* Le voilà !.. arrêtez... arrêtez.

GEORGES, *dans le plus grand trouble.* « C'est infâme ! oui, oui, arrêtez-moi... » emmenez-moi. »

TOBY. Il veut qu'on l'emmène !

GEORGES, *montrant Martigné.* « Mais lui « aussi, qu'on l'emmène avec moi, lui qui « m'accuse d'avoir volé. »

MARTIGNÉ. Qu'est-ce qu'il veut ?

TOBY. C'est juste, puisqu'il l'accuse, il faut qu'on les emmène tous les deux.(*Georges saisit Martigné au collet et veut le forcer de sortir avec lui; Toby continuant.* Serrez, serrez ferme.

Mme DE ROUVRAY. Georges, cette violence...

M. DE ROUVRAY, *se plaçant entre Georges et Martigné* [*]. Cette indignation est toute naturelle, s'il n'est pas coupable.

GEORGES, *séparé de Martigné*. « Coupa- » ble, moi ! mais c'est indigne ! »

MARTIGNÉ, *la voix altérée*. Hier, dans le trouble que m'a causé l'arrivée de made- moiselle, j'ai laissé la clef sur mon bureau; et plus tard, madame l'a envoyée dans mon cabinet.

Mme DE ROUVRAY. C'est vrai.

MARTIGNÉ. Lui seul y est entré.

MARIE, *à part*. C'est vrai.

MARTIGNÉ. Et ensuite, il s'est échappé la nuit... c'est qu'il emportait...

M. DE ROUVRAY, *à demi-voix*. Tout cela est assez vraisemblable.

GEORGES, *comme accablé, à M. de Rou- vray*. « Comment ! monsieur, vous croyez? » vous !.. (*Regardant Mme de Rouvray*.) » Vous aussi, madame de Rouvray? (*A Ma- » rie avec anxiété*.) Et vous, Marie ? (*Marie » se cache la figure avec son mouchoir*) Eh » quoi! personne pour me défendre ? ils » m'accusent tous! (*Se tournant vers Toby*.) » Et toi aussi, Toby? »

TOBY, *avec ame*. Oh! non, monsieur Georges, je ne vous crois pas coupable, je vous défendrai... je vous défendrai contre tout le monde... vous! partir, pour em- porter de l'or!.. quand vous m'en donniez. (*Georges le suit avec anxiété, et appuie sur ce qu'il dit*.) La cause de son départ, je la connais... et s'il faut la dire... apprenez donc...

(Georges passe vivement auprès de Toby et lui im- pose silence en lui mettant la main sur la bouche.)

M. DE ROUVRAY. Qu'a-t-il donc ?

MARTIGNÉ. Voyez-vous, ils s'entendent !

GEORGES, *d'un air exalté*. « Mais quand » je vous jure, moi, moi!.. que cet homme a menti... je le jure!.. »

(Il cherche à donner à ses gestes plus d'expression , pose la main à sa bouche, et fait de grands efforts pour se faire comprendre.)

M. DE ROUVRAY, *avec émotion*. Oh ! il y a dans sa figure; dans ses regards, un air de conviction.

TOBY. Parbleu!

GEORGES, *montrant le médaillon de sa mère*. « Je le jure par ce portrait... par » ma mère. »

MARIE, *passant à la gauche de Georges, et voyant le portrait qu'il a dans les mains*. Sa mère !.. (*A M. de Rouvray*.) Oh! mon oncle, il jure par sa mère.

Mme DE ROUVRAY, *à M. de Rouvray*. On

ne peut cependant pas le laisser emmener.

(De Rouvray revient à elle.)

MARTIGNÉ, *épiant un mouvement de Geor- ges qui rentre dans son sein le bouquet qui s'en échappait*. Eh! tenez .. tenez, il cache quelque chose dans son sein.

MARIE, *qui est près de Martigné, lui impo- sant silence*. Taisez-vous donc.

M. DE ROUVRAY. Je réponds de ce jeune homme... il restera ici jusqu'à ce que tout ait pu s'éclaircir... il ne sortira pas.

TOBY. Non, certainement.

MARTIGNÉ. Mais, monsieur, permettez... je suis responsable... l'affaire devient gra- ve... et ces messieurs, qui attendent...

M. DE ROUVRAY. Je vais les voir, leur of- frir ma caution... (*A Georges*.) Je vais re- venir, Georges, je connaitrai ce mystère... il le faut... songez-y bien... ma protec- tion est à ce prix; venez, monsieur Mar- tigné.

(Il sort, Martigné sort avec lui, par la gauche.)

Mme DE ROUVRAY. Marie... (*Elle lui fait signe de rentrer. Marie regarde Georges en soupirant, lève les yeux au ciel, et, arrivée près de la chambre à droite, elle rentre vive- ment, comme frappée d'une idée soudaine. Mme de Rouvray passant auprès de Georges:*) Ah! Georges!

(Elle rentre aussi.)

SCENE IX.

TOBY, GEORGES, *ensuite* MARIE.

GEORGES, *regardant sortir Marie*. « Elle » aussi, comme les autres... elle me soup- » çonne. »

TOBY. Et vous les laissez sortir, sans leur avouer la cause de votre départ... Ils vous arrêteront très-bien... Que diable! pensez à vos amis.

GEORGES, *se jetant dans un fauteuil au- près de la table*. « Des amis... je n'en ai » plus. »

TOBY. Plus d'amis !.. C'est mal, ce que vous dites là. (*Marie a entr'ouvert doucement la porte de la chambre à droite : Toby qui la voit dit à Georges avec intérêt*.) Et, tenez, te- nez, vous voyez bien qu'il vous en reste en- core (*lui montrant Marie*) sans me compter.

(A l'aspect de Marie, Georges se lève vivement; il pa- raît à la fois heureux et souffrant de la voir. Il vou- drait s'éloigner, et reste immobile par un sentiment plus fort que sa volonté.)

MARIE, *mystérieusement*. Georges, Geor- ges... je n'ai pu vous défendre... mais je veux vous sauver.

[*] Toby, Marie, Mme de Rouvray, Georges, M. de Rouvray, Martigné.

TOBY*, *avec exaltation.* Oui, oui, en voilà une idée... ça me raccommode avec elle.

GEORGES, *lui serrant la main avec joie.* « Ah! vous m'aimez donc encore! »

MARIE, *lui montrant l'écrin du premier acte.* Cet écrin, ces bijoux... c'est tout ce que je possède... c'est ma seule fortune.

GEORGES, *cherchant à comprendre.* « Com- » ment? ces bijoux... je ne comprends » pas. »

MARIE, *hésitant et et craignant de l'of- fenser.* Ils ont, dit-on, une grande valeur... prenez-les, et qu'on rende à Martigné...

(Georges qui n'a pas cessé de la regarder reste comme anéanti, repoussant l'écrin qu'elle lui offre.)

TOBY. Vous aussi, mademoiselle, vous le croyez donc coupable?

GEORGES, *regardant Toby.* « Oui, oui, » elle me croit coupable. » (*Puis reportant* » *ses regards sur Marie.*) Elle! elle!.. Ah! » c'est le dernier coup. »

(Il cache sa tête dans ses mains.)

MARIE, *avec effusion.* Eh bien! non, tu ne l'es pas... Oh! je veux le croire, je le crois... Je serais trop malheureuse... car tu sais bien que je t'aime.

GEORGES. « Vous m'aimez, vous!.. »

MARIE. Oui, oui... tout le monde est éloigné... pars, sauve-toi, voici la clef du jardin.

GEORGES, *repoussant cette idée.* « Me sau- » ver!.. jamais! »

TOBY. Oui, c'est plus sûr... venez **.

GEORGES, *avec fierté.* « Jamais! »

MARIE. tu ne veux pas... Tu refuses ce que je te demande; tu ne m'aimes donc pas? (*Mouvement de Georges; M. de Rou- vray entre par la porte à gauche.*) Ciel! mon oncle.

TOBY. Il n'est plus temps!..

(M. de Rouvray s'avance entre Georges et Marie.)

SCENE X.

TOBY, MARIE, M. DE ROUVRAY, GEORGES.

MARIE, *courant à M. de Rouvray.* Ah! mon oncle, mon oncle! je vous en sup- plie.

M. DE ROUVRAY, *les observant.* Quelle émotion! tu as pleuré.

MARIE, *suppliant.* C'est mon ami d'en- fance, mon frère... et s'il est arrêté... Oh! d'abord, j'en mourrai.

---

* Marie, Georges, Toby.
** Toby, Marie, Georges.

M. DE ROUVRAY. Rassure-toi... j'ai ob- tenu qu'il restât ici une heure encore. Je vais tâcher de découvrir.. et si les soupçons ne sont pas fondés...

MARIE, *avec chaleur.* Ils ne le sont pas, mon oncle, je suis sûre qu'ils ne le sont pas, il a refusé de s'échapper, là... à l'instant... Il a refusé... ah! c'est une preuve.

M. DE ROUVRAY. Il a refusé, c'est bien... mais M. Martigné est inexorable. Il crie... il prétend que tout-à-l'heure Georges ca- chait dans son sein...

MARIE, *allant à Georges.* Quoi donc, Georges?.. Il faut tout avouer... puisque tu n'es pas coupable.

TOBY. Il ne cachait rien.

MARIE. Si fait. (*Se reprenant.*) C'est-à- dire... j'ai cru voir... (*Georges tire lente- ment de son sein le bouquet qu'il y a caché la veille, et le présente à Marie.*) Ah! mon bouquet!

M. DE ROUVRAY, *l'observant.* Ton bouquet? (*Marie baisse les yeux et paraît confuse.*) Va, mon enfant, laisse-nous. (*Elle fait quelques pas pour sortir, puis, se retournant vers son oncle elle le supplie pour Georges, et au moment de sortir tout-à-fait, elle se re- tourne encore pour le recommander à M. de Rouvray. Toby passe à gauche. M. de Rouvray observe Georges.*) Ma belle-sœur avait raison, il y a dans cette figure-là...

SCENE XI.

M. DE ROUVRAY, GEORGES, TOBY.

TOBY, *serrant la main à Georges et à de- mi-voix.* Allons, du courage... ferme... il a l'air d'un brave homme.

M. DE ROUVRAY. Vous le voyez, Georges, tout le monde vous porte ici l'intérêt le plus tendre... Ce serait bien mal à vous de ne pas y répondre... Ce serait d'un ingrat.

GEORGES, *portant la main à son cœur.* « Ingrat, moi! »

TOBY. Oh! il ne l'est pas.

M. DE ROUVRAY, *à Toby.* Taisez-vous. (*A Georges.*) Et pourtant, on vous accuse... les preuves sont contre vous. (*Georges hausse les épaules.*) Auriez-vous été en- traîné? à votre âge, on est faible, et les mauvais conseils...

TOBY. Mais je ne l'ai pas quitté, moi.

M. DE ROUVRAY. C'est peut-être pour ça.

TOBY, *avec fierté.* Plaît-il?.. (*Georges lui prend vivement la main, comme pour le dé- fendre.*) Ah! bien oui... mais...

M. DE ROUVRAY, *à Georges.* Voyez,... une caisse vous est presque confiée... vous la trouvez ouverte... une somme considérable disparaît.

GEORGES. « Qu'y puis-je faire ? »

(*Toby remonte le théâtre et reste au fond pendant que M. de Rouvray questionne Georges.*)

M. DE ROUVRAY. Juste au moment où vous quittez furtivement cette maison... pour quel motif ? (*Georges sourit avec amertume.*) Expliquez-vous, si vous tenez encore à l'estime de ces amis qui vous ont élevé... de ma belle-sœur, de sa fille, qui ne pourraient plus défendre un homme déshonoré.

GEORGES, *avec vivacité.* « Déshonoré... » moi, moi ! »

TOBY, *avec la plus grande chaleur*[*]. Déshonoré, monsieur Georges !.. Ah ! c'en est trop... Oui, il a quitté cette maison, c'est vrai... Il est parti... mais en honnête garçon... parce qu'il aimait...

GEORGES. « Toby ! Toby ! »

M. DE ROUVRAY. Que dites-vous ?

TOBY. La vérité... Tantôt je pouvais encore.

TOBY.
AIR : Vaudeville du Château perdu.
Oui, j'y mettais c'matin d'la complaisance,
Mais vous, vraiment, vous aviez trop bon cœur....

GEORGES. « Je veux que tu te taises. »
TOBY.
Et vous voulez que j'garde le silence ;
Songez-y donc, il y va d'votre honneur...
Quoi ! vous aimiez, est-ce un mal ? au contraire ;
Aimer, eh bien ! c'est permis, c'est reçu,
Et tout's les lois qu'on nous donn', je l'espère,
Jusqu'à présent ne l'ont pas défendu,
Non, tout's les lois qu'on nous donn', je l'espère,
Jusqu'à présent ne l'ont pas défendu.

M. DE ROUVRAY. Il aimait ?

TOBY. Une jeune fille.

GEORGES, *hors de lui, lui faisant signe de loin.* « Te tairas-tu ! »

M. DE ROUVRAY. Mais pourquoi fuir ?

TOBY. Parce qu'on la mariait... ici... demain... à votre fils.

M. DE ROUVRAY. Marie !

(*Georges, qui a fait tout ce qu'il a pu pour arrêter Toby, se détourne et cache sa tête dans ses mains.*)

TOBY. Là ! le mot est lâché... tant pis.. je suis content.

M. DE ROUVRAY. Marie !.. Ah ! Georges, vous aviez raison de faire un mystère de cet amour-là, surtout s'il est partagé.

GEORGES. « Oh ! ne le croyez pas. »

M. DE ROUVRAY. Ce serait affreux.. n'entrer dans cette famille, qui vous a comblé de bienfaits, que pour séduire une enfant.. ah ! vous avez bien fait de quitter cette maison... mais où seriez-vous allé, sans ressources ?

TOBY. Ah ! ça, c'est autre chose.. il pou-

[*] Toby, M. de Rouvray, Georges.

vait aller dans son pays, à Monvilliers, où l'on se souvient encore de sa mère... son cousin, M. Valin, n'aurait pas manqué...

M. DE ROUVRAY. Que dit-il ? quel nom ? Valin ?

TOBY. Eh bien ! oui... un petit roux.

M. DE ROUVRAY. De Monvilliers ?

TOBY. Sans doute.

M. DE ROUVRAY. De mon âge, à peu près ?

TOBY. Dam ! ça se peut bien.

M. DE ROUVRAY. Parent de Thérèe ?

TOBY. De Thérèse Valin, (*montrant Georges*) sa mère.

M. DE ROUVRAY. Sa mère ?
(Georges le regarde avec surprise.)
TOBY. Vous la connaissiez ?

GEORGES, *avec joie.* « Vous !.. ma mère. »

M. DE ROUVRAY, *se contraignant.* Oui.. je ne sais... peut-être... sa mère... (*à Toby.*) laissez-nous.

TOBY. Oui, monsieur.

(*Georges prend Toby par le bras comme pour ne pas s'en séparer.*)

M. DE ROUVRAY. Georges, ne craignez rien, il ne s'éloignera pas.

(*Il montre la porte de gauche à Toby, qui sort en lui disant :*)

TOBY. C'était une belle femme, n'est-ce pas ?.. et des yeux... ah !

(*Il jette encore sur Georges un regard d'intérêt et sort.*)

※※※※※※※※※※※

SCENE XII.
GEORGES, M. DE ROUVRAY.

M. DE ROUVRAY, *revenant à Georges qu'il observe avec curiosité.* Georges, cet enfant... (*Essuyant une larme, à part.*) Pauvre Thérèse !

GEORGES, *l'interrogeant du regard.* « Qu'est-ce donc ? qu'avez-vous ? »

M. DE ROUVRAY, *se contenant.* Arrivé d'hier seulement, j'ai à peine entendu parler de vos malheurs... (*lui prenant la main*) je vous croyais orphelin... de dix-neuf ans... dix-neuf ans, n'est-ce pas ? (*Georges lui fait signe que oui, et paraît étonné qu'il ait trouvé juste. M. de Rouvray continuant.*) Mais vous avez encore votre mère, n'est-ce pas ? (*Georges retire sa main, et se détourne.*) Votre mère, où est-elle ? (*Georges essuie des larmes.*) Je croyais qu'elle avait quitté la France, il y a onze ans ?

GEORGES. « Oui, onze ans. »

M. DE ROUVRAY. Avec son fils ?

GEORGES, *se désignant.* « Oui, moi. »

M. DE ROUVRAY. Pour passer en Amérique ?

GEORGES. « Non, non... elle n'y est pas » arrivée. »

M. DE ROUVRAY. Quoi ! le vaisseau sur lequel mon frère se trouvait... et qui a failli faire naufrage...

GEORGES, *animant son récit avec beaucoup de vivacité.* « C'était celui qui nous » emportait aussi. »

M. DE ROUVRAY. Ah ! tu étais aussi avec ta mère sur ce vaisseau ?

GEORGES. « Oui, moi... bien petit, bien » petit... mais je me rappelle tout... oui ! » (*montrant sa tête*) là ! (*montrant son cœur*) » et là ! j'y suis encore. »

(L'orchestre joue l'air :)

« Notre vaisseau dans une paix profonde,
» Sur le vaste océan
» Voguait légèrement, etc. »

DE ROUVRAY. La mer était calme au départ.

(*L'orchestre peint l'orage.*)

GEORGES.

(*Il passe à gauche.*)

« Je me cachais auprès de ma mère. »

M. DE ROUVRAY. Effrayé par l'orage, tu te cachais près de ta mère... sa mère...

GEORGES. « Elle, à genoux... et moi, les » mains jointes... puis les vagues énor- » mes, le désordre partout. »

(Il peint les agitations du vaisseau, qui, tantôt était porté jusqu'au ciel par les vagues, et tantôt paraissait s'engloutir dans les profonds abîmes de la mer.)

M. DE ROUVRAY. Le vaisseau allait faire naufrage ? et ta mère ?

GEORGES. « Ma mère.... dans l'abîme ? »

(Il peint le mouvement d'une vague qui, passant sur le vaisseau, emporta sa mère.)

M. DE ROUVRAY. Emportée par une vague.

GEORGES. « Oui... moi, j'étendais les » bras, pour la redemander aux flots. »

M. DE ROUVRAY. Tu étendais les bras vers elle ?

GEORGES. « Je voulais crier, ma mère... » ma mère... »

DE ROUVRAY. Tu voulais l'appeler ?

GEORGES. « Mais je ne pouvais pas... le » saisissement... (*il cherche à exprimer les* » *efforts qu'il fit pour appeler sa mère*) im- » possible... mes organes s'y refusaient... » j'étais muet. »

(La musique cesse brusquement.)

M. DE ROUVRAY. Muet !.. pauvre enfant.. et ta mère... tu l'avais perdue, pour ne plus la revoir.

GEORGES. « Si... le lendemain. »

M. DE ROUVRAY. Le lendemain..

GEORGES. « Étendue sur la grève. »

M. DE ROUVRAY. Les flots l'avaient rejetée sur le rivage.

GEORGES. « Je l'embrassais... je voulais » la réchauffer... mais en vain, elle n'é-

» tait plus... On la prit, on la porta... je » la suivis... (*il traverse le théâtre la tête* » *baissée, comme s'il suivait un convoi, et* » *passe à droite*) on creusa la terre.... » on la mit dans la fosse... on jeta sur » elle de la terre... Moi, j'y jetai des » fleurs... (*il tire son bouquet de son sein,* » *l'effeuille, et sème les fleurs comme s'il* » *les jetait sur la tombe de sa mère*) comme » cela... je tombai à genoux, en lui disant: » adieu. »

« A la grâce de Dieu,
» Adieu, ma mère, adieu,
» A la grâce de Dieu. »

(*Il tombe à genoux, en invoquant le ciel pour sa mère.*)

M. DE ROUVRAY, *ému et attendri.* Et tu n'avais plus rien sur la terre ?

GEORGES. « Plus rien... (*montrant le* » *portrait qui est au fond*) que lui, qui me » prit dans ses bras... essuya mes larmes, » et m'amena ici. »

M. DE ROUVRAY. Oui... il t'adopta, lui. (*A part.*) Ce bon frère, peut-être savait-il tout ?.. (*Haut.*) Et ta mère, tu te la rappelles toujours ?

GEORGES. « Oh ! oui, toujours... (*lui* » *montrant le médaillon qu'il tire de son sein*) » la voilà. »

M. DE ROUVRAY. Ce portrait ?..

GEORGES. « Bien jolie, n'est-ce pas ? »

M. DE ROUVRAY. Oui, je la reconnais.

GEORGES. « Elle, ma mère ; vous l'avez » connue ? »

M. DE ROUVRAY. Oui, oui, je l'ai connue... à Monvilliers.

GEORGES, *avec joie.* « Vrai !.. ah ! quel » bonheur... (*Montrant un fauteuil à M. de* » *Rouvray, et l'engageant à s'y asseoir pour* » *lui parler de sa mère.*) Asseyez-vous ici... » moi, près de vous, parlez-moi de ma » mère... j'écoute... parlez. »

M. DE ROUVRAY. Te parler d'elle ?.. oui, souvent... elle était si bonne... elle avait pour moi tant d'amitié, tant de confiance.

GEORGES. « Pour vous ?... »

(Il lui prend les mains, et les presse.)

M. DE ROUVRAY. Et dis-moi.. ton père.. ce mot que tu prononçais alors... elle t'en parlait. (*Georges a retiré ses mains et s'est retourné. M. de Rouvray insiste.*) Ton père ?

GEORGES. « Je n'en ai pas... il m'a » abandonné. »

M. DE ROUVRAY. Il t'a abandonné... lui!.. oh ! ne l'accuse pas.

GEORGES. « Si fait. »

M. DE ROUVRAY. Oui, il aimait ta mère... et s'il eût été maître de tenir ses promesses...

GEORGES, *froidement.* « Assez, assez. »

M. DE ROUVRAY. Mais des convenances de famille l'enchaînèrent malgré lui... et loin de tout ce qu'il aimait ; en butte à des soupçons jaloux... il subit d'autres devoirs.

AIR : *d'Aristippe.*

Sur son amour, sur ta naissance,
Il fallut garder le secret,
Ta mère avait quitté la France,
Et tous les deux il vous pleurait.

GEORGES, *le regardant et mimant le vers suivant :*

« Quoi ! tous les deux il nous pleurait ! »

M. DE ROUVRAY, *continuant.*

Pour toi, qu'il ne pouvait connaître,
En tremblant il faisait des vœux,
Et loin de lui, son fils peut-être
N'était pas le plus malheureux.

(Georges, étonné et ému, lui reprend les mains avec tendresse.)

M. DE ROUVRAY. Georges, en ce moment encore il ne peut te reconnaître... mais... (*Martigné paraît à la porte à droite.*) Qui va là !...

SCENE XIII.

MARTIGNÉ, M. DE ROUVRAY, GEORGES

MARTIGNÉ. C'est moi.

M. DE ROUVRAY, *l'interrompant.* Que voulez-vous ?

MARTIGNÉ. C'est qu'on est là, pour recevoir ma plainte ; et on veut parler à Georges.

M. DE ROUVRAY. A Georges ? je réponds de lui... de lui, entendez-vous, comme de moi-même.

(Georges le regarde avec reconnaissance.)

MARTIGNÉ. Je vois que monsieur l'a interrogé... et qu'il sait ce qu'est devenue la somme ?

M. DE ROUVRAY, *avec impatience.* Ah ! finissez, de grâce. (*A part, regardant Georges.*) Coupable, lui !.. ah ! dans ce moment, ce serait affreux !

MARTIGNÉ. Alors, je vais dire à ces messieurs... (*Il va pour sortir et revient.*) Ah ! j'oubliais... à l'instant même en sortant de mon bureau, où je venais de chercher pour la dixième fois ces maudits billets que ce petit drôle... (*mouvement de Georges, impatience de M. de Rouvray*) enfin, c'est égal, je viens de trouver à l'instant même près de la porte, cette lettre à votre adresse.

M. DE ROUVRAY, *la prenant.* A mon adresse... une lettre ?..

MARTIGNÉ. Monsieur sera entré dans mon cabinet ?..

M. DE ROUVRAY. Moi, point du tout.

MARTIGNÉ, *à part, et regardant Georges.* Ah ! on le protége toujours... il faudra bien qu'on retrouve...

M. DE ROUVRAY, *qui parcourt la lettre.* O ciel !

MARTIGNÉ. Plaît-il ?

M. DE ROUVRAY, *cachant son trouble.* Rien... cette lettre, vous ne l'avez pas lue ?

MARTIGNÉ. Ah ! monsieur... ce serait d'une indiscrétion... ah ! et puis je n'ai pas eu le temps.

M. DE ROUVRAY. Mais mon fils, Henri, où est-il ?.. où est-il ?

MARTIGNÉ. Il vient d'arriver avec le notaire... il est chez ces dames.

M. DE ROUVRAY. Qu'il vienne à l'instant !

(Georges observe M. de Rouvray, qui cherche à cacher son trouble.)

MARTIGNÉ. Le voici.

(Il se retire dans le fond.)

SCÈNE XIV.

HENRI, MARTIGNÉ, M. DE ROUVRAY, GEORGES.

M. DE ROUVRAY, *à Henri qui entre par la porte à droite.* Henri, mon fils... venez, venez... (*A Martigné.*) Laissez-nous, monsieur Martigné.

HENRI. Qu'est-ce donc, mon père ?.. je vois partout un air d'effroi... je ne comprends pas.

MARTIGNÉ, *qui s'en allait lentement, s'arrête.* C'est que monsieur ne sait pas qu'en son absence on a découvert dans ma caisse une soustraction...

M. DE ROUVRAY, *regardant Henri, et lui montrant Georges.* Dont on ose accuser ce jeune muet.

HENRI. Comment !.. mais s'il n'y a pas de preuves, si...

MARTIGNÉ. Si fait, si fait...

M. DE ROUVRAY, *à Martigné.* Allez... (*A Georges, lui montrant le petit cabinet à droite.*) Mon enfant, entrez là... et comptez sur moi.

(Georges le regarde avec reconnaissance, et lui baise les mains avec transport. Il entre dans le cabinet.)

MARTIGNÉ, *qui, pendant ce temps, a causé à voix basse avec Henri, sort par la gauche, en disant :* Il faut pourtant qu'il y ait un coupable.

SCENE XV.

M. DE ROUVRAY, HENRI.

M. DE ROUVRAY, *regardant Henri.* Un coupable !... il y en a un.

HENRI, *affectant de l'assurance.* Mon père, le notaire attend.

M. DE ROUVRAY. Le notaire ! à quoi bon ? que me veut-il ?

HENRI. Mais mon mariage ?..

M. DE ROUVRAY, *baissant la voix.* Votre mariage ?.. il est impossible... vous le savez bien.

HENRI. Mon père... je ne comprends pas.

M. DE ROUVRAY, *se contenant à peine.* Vous ne comprenez pas... vous ne comprenez pas que je ne puis pas donner ma nièce, la fille de mon frère, à un misérable qui a déshonoré le nom qu'il porte ?

HENRI. Grand Dieu !

M. DE ROUVRAY, *toujours à demi-voix.* A un infâme, qui, malgré ses sermens, a joué sa dot, la dot de sa fiancée peut-être... et qui, pour nous tromper tous, pour mettre le comble à sa honte et à la mienne, a forcé une caisse... la nuit !...

HENRI. Oh ! je vous jure...

M. DE ROUVRAY, *lui saisissant le bras avec force.* Silence ! silence ! pour l'honneur de votre père !.. (*Lui mettant la lettre sous les yeux.*) Tenez, tenez, cette lettre que vous m'aviez cachée... ah ! vous aviez bien fait... elle m'a tué. (*Henri se cache la tête dans ses mains.*) Cette lettre, échappée à votre trouble, à votre désordre... près de ce bureau où vous avez...

HENRI, *l'interrompant.* J'ai tout restitué, à l'instant.

M. DE ROUVRAY, *éclatant.* Ah ! il est donc vrai !.. oh ! j'espérais encore me tromper... mais c'est vous, vous qui vous êtes dégradé... avili.

HENRI. Il fallait payer, ou mourir.

M. DE ROUVRAY. Il fallait mourir.

HENRI, *tombant à genoux.* Ah ! j'embrasse vos genoux.

M. DE ROUVRAY. Va-t'en.

HENRI. Ah ! votre pardon.

M. DE ROUVRAY.

AIR : *Je n'ai point vu ces bosquets.*

Moi, te pardonner ? non, jamais !
Non ; je veux être un juge inexorable,
Qui, de son courroux, désormais
Frappera ta tête coupable.
Par tes pleurs, tes fausses vertus,
Ne crois pas encor me séduire...
Tous tes droits de fils sont perdus ;
Tu n'es plus rien pour moi.

HENRI. Mon père !

M. DE ROUVRAY.
         Je ne suis plus
Ton père que pour te maudire.

HENRI, *poussant un cri.* Ah !

SCENE XVI.

GEORGES, M. DE ROUVRAY, HENRI.

(*Georges sort vivement du cabinet, à droite, et semble épouvanté du bruit qu'il a entendu.*)

HENRI, *à Georges.* Sortez, monsieur, sortez !..

M. DE ROUVRAY. Non.. il restera.. de l'orgueil... il vous en reste encore, à vous... qui l'avez laissé soupçonner, arrêter.. lui, l'honneur, la probité même.

HENRI. Ah ! j'ignorais... (*A Georges.*) sortez donc !..

M. DE ROUVRAY. Qu'il reste ! c'est à vous de tout expier.

HENRI. Grâce !... pour votre fils.

M. DE ROUVRAY. Mon fils !... (*montrant Georges*) le voilà ! c'est lui.. (*Georges, d'abord comme incrédule, suit tout ce que dit M. de Rouvray avec une émotion toujours croissante.*) Oui, votre frère que j'avais repoussé, délaissé, pour vous réserver, à vous... à vous, une fortune, un nom que vous déshonoriez... ah ! le ciel me punissait en vous, de mon coupable abandon.. mais sa mère, mais Thérèse Valin me pardonne, puisque j'ai retrouvé mon fils. (*Georges, tout hors de lui, les yeux en feu, les traits en désordre, va à M. de Rouvray, recule, fait des efforts comme pour prononcer un nom qu'il se rappelle. Continuant avec la plus vive émotion.*) Oui, mon fils... viens, Georges, viens me consoler... je n'ai plus que toi... mon fils !

GEORGES, *sanglotant et étouffant, s'écrie :* Mon... mon père...

(Il tombe dans les bras de M. de Rouvray comme évanoui. Henri, à l'écart, cache ses larmes.)

SCENE XVII.

LES MÊMES, Mme de ROUVRAY, MARIE, *entrant par la droite,* MARTIGNÉ, TOBY, *entrant par la gauche.*

MADAME DE ROUVRAY. Eh ! mais que se passe-t-il donc ici ?

M. DE ROUVRAY, *qui soutient Georges évanoui dans ses bras.* Silence... il a parlé... il a dit... mon père !.. (*Georges revient à lui peu à peu. M. de Rouvray, le regardant avec tendresse :*) Ah ! vous aviez raison, il a un air de famille.

(Georges regarde autour de lui, revoit M. de Rouvray, et se jette encore dans ses bras.)

MARIE*. Rassurez-vous... Georges, Martigné vient de retrouver dans sa caisse...

MARTIGNÉ. Oui, je ne sais comment cela se fait... mais j'ai mon compte... et même quelque chose de plus... c'est moi qui me serai trompé.

TOBY, *à part*. A son avantage.

Mme DE ROUVRAY. D'ailleurs, j'avais fait retirer la plainte.

M. DE ROUVRAY. Cela ne suffit pas pour réparer tout le mal qu'on a fait à Georges.

MARIE. Mon oncle a raison.

Mme DE ROUVRAY. C'est bien ; nous en parlerons plus tard... après le contrat que nous allons signer.

M. DE ROUVRAY. Non... celui-ci, nous ne le signerons pas ; car je vous dois un aveu qu'Henri n'osait vous faire... il est obligé de partir pour un voyage, pour une longue mission... et il ne se mariera pas.

Mme DE ROUVRAY. Lui !.. mais il aime ma fille.

HENRI. Ma tante.

M. DE ROUVRAY. Je ne crois pas.

MARIE, *à part*. Ah ! tant mieux.

Mme DE ROUVRAY. Permettez.

M. DE ROUVRAY. Il part demain... on l'ordonne.

* Toby, Marie, Mme de Rouvray, M. de Rouvray, Georges, Henri, Martigné.

HENRI. J'obéirai, mon père.

M. DE ROUVRAY. Quant à Georges, mon fils... car je l'adopte... il sera mon fils.

MARIE, *vivement*. Ah ! que je suis contente !

MARTIGNÉ. Il se pourrait !

TOBY, *regardant Martigné*. Ah ! c'est bien fait... vieux.

Mme DE ROUVRAY. Ciel !

M. DE ROUVRAY. Il a peut-être des droits antérieurs à faire valoir... s'il aime Marie ?

Mme DE ROUVRAY. Plaît-il?..

M. DE ROUVRAY. S'il en est aimé. (*Georges lui prend vivement la main.*) Comment ! tu ne veux pas que je t'adopte?.. que Marie t'aime ? (*Georges lui fait signe qu'il lui faut encore quelque chose.*) Quoi ! une condition?.. Que faut-il donc ? (*Georges va prendre la main d'Henri qui s'était éloigné, le ramène auprès de M. de Rouvray, lui fait signe qu'il faut pardonner.*) Non ! (*Georges supplie encore.*) Il faut qu'il parte... il le faut.

(Henri se jette aux pieds de son père, qui se détourne ; Georges répète le mot *mon père*... M. de Rouvray n'a pas la force de résister, il abandonne sa main à Henri qui la baise et la couvre de larmes ; Georges, de l'autre côté, est sur le sein de son père.)

(La toile tombe.)

FIN.

IMPRIMERIE DE Ve DONDEY-DUPRÉ, RUE SAINT-LOUIS, N° 46, AU MARAIS.